조금씩 매일 꾸준히
하루 1%의 기적

김희영 · 장덕진 · 어성진 · 신혜영
서보금 · 김동은 · 황혜진 · 김병수

박영story

프롤로그 PROLOGUE

　변하는 것들 사이에서 변하지 않는 것들, 삶을 살아가는 태도에서 가장 중요한 점 중 하나는 바로 '꾸준함의 힘'입니다. 조금씩 매일 꾸준히, 조매꾸의 정신으로 조금씩 성장해가는 하루하루. 겉으로 보기에는 큰 차이가 없어 보이지만, 매일 매일이 쌓이면 어느새 놀랍도록 달라진 자기 자신을 발견하게 됩니다.

　무서운 사실은 '조매꾸'를 실천하려고 마음먹은 사람들은 많지만 실천으로 해내는 사람은 많지 않다는 것입니다. 그럼 그 차이는 어디에서 오는 것일까요? 이 책은 삶 안에서 조금씩 매일 꾸준히, 아주 작은 습관의 힘을 끈질기게 부여 잡아온, 아니 찬란한 하루하루를 모아 왔던 사람들의 실제 이야기입니다.

　꾸준함의 힘이 얼마나 대단한지, 조매꾸의 복리 효과가 얼마나 큰지, 하루 1%의 기적으로 쌓아올린 보통 사람들의 꾸준함에 대해 말하고 있습니다.

삶의 밀도를 높이고 한결같은 마음가짐과 행동이 가져온 결과는 과연 어땠을까요? 각자가 꿈꾸는 삶의 지향점에서 가장 중요한 건 한 번에 큰 걸음을 내딛는 것이 아니라, 조금씩 꾸준히 끈질기게, 악착같이, 아니 희망차게 매일 매일 성장하는 겁니다.

매일 아침 눈을 뜨면 이렇게 외칩니다.

"나의 찬란한 하루가 시작되었다."

"나의 희망찬 하루가 시작되었다."

조금씩 매일 꾸준히, 조매꾸 미라클 모닝, 조매꾸 운동인증, 조매꾸 진로모임 등 현재 여러 사람들과 조매꾸 운동을 실천해 나가고 있습니다. 세상에 존재하는 단 하루, 지금 이 순간을 가장 뜨겁게 사랑하는 방법. 기대되는 내일을 위한 오늘의 첫 걸음. 조금씩 매일 꾸준히의 기적같은 일들은 상상 이상의 결과를 가져왔습니다. 나 자신에게 집중하기, 나 자신의 습관과 나 자신의 아름다운 하루를 설계해 보기, 그리고 조매꾸 정신으로 꾸준하게 나만의 집을 완성시켜 나가기.

삶을 숭고하게, 그리고 뜨겁게 사는 사람들, 일상에서 그 무언가를 반드시 해내는 사람들의 비밀에는 언제나 조금씩 매일 꾸준히 실천하는 조매꾸 정신이 있습니다. 조매꾸 정신에서 가장 중요한 점은, 남녀노소 할 것 없이 한 방에 큰 점프를 기대하는 것이 아닌, 꾸준함의 힘을 믿고 성실하게 자신의 밀도를 높여 켜켜이 자신의 성을 쌓아가는 것입니다. 그리고 언제나 찾아오는 시련과 좌절의 순간들을 극복할 수 있는 회복 탄력성입니다. 큰 목표를 세운 후 포기해서 찾아오는 실망감이 아닌 작은 성공의 힘의 축적이 보여주는 놀라운 기적.

이제, 조매꾸로 인해 어떻게 삶이 변화했는지, 사소한 하루하루의 반복이 얼마나 큰 울림과 삶의 성찰을 가져왔는지 소개시켜 드립니다. 나를 변화시키는 마법의 주문 조매꾸는 나를 바꾸는 작지만 확실한 시간의 힘입니다.

특별하지 않지만 자신만의 삶의 철학으로 조매꾸 정신을 실천하는, 조매꾸 장인들, 조매꾼의 이야기를 이제부터 시작합니다.

조매꾸 – 조금씩 매일 꾸준히

꿈RUN쌤 – 꿈꾸고 달리고 배우고 글쓰고

조매꾼 꿈RUN쌤 김병수

차례|CONTENTS

손 편지에 담긴
조매꾸 엄마 사랑

김희영

교사 맘의 이중생활

저는 초등교사이자, 두 아이의 엄마입니다. 학교에서 하루 종일 학생들과 지내고, 퇴근과 동시에 제2의 출근을 합니다. 두 번째 직장은 집입니다. 집에 오면 우리 집 아이들과의 업무가 시작됩니다.

저는 천사 같은 칭찬쟁이 초등교사입니다

어릴 적부터 간직했던 초등교사의 꿈을 이룬 행복한 사람입니다. 좋은 습관을 지닌 긍정적인 사람을 길러내는 것을 천직으로 여기며, 교사로서 학교생활에 진심이랍니다. 스스로 발전하려고 노력하여 날마다 성장하는 학생들의 모습을 보며 큰 성취감을 느끼지요.

해마다 우리 반 학생들의 성장 원동력은 학급 특색인 '1일 1 칭찬 제도'와 '행복일지'입니다. 학교에 도착해서 하교할 때까지 학생 모두가 하루에 한 번 이상 칭찬을 받습니다. 그리고 칭찬을 행복일지에 기록합니다. 매일 어떤 상황에서 어떤 칭찬을 받았는지 구체적으로 적습니다. 한 주를 마무리하는 금요일이면 일주일 동안 특별히 감사한 사람이나 가장 즐거웠던 활동을 떠올리고, 칭찬받으며 생활한 느낌을 글로 표현합니다.

자존감이 낮은 학생들의 모습을 보며 속상했습니다. 사랑받고 있지만, 그 사랑을 느끼지 못하는 것이 안타까웠지요. 그래서 시작한 학급 특색 활동은 성과가 좋더군요. 칭찬은 고래도 춤추게 하듯 매일 칭찬받은 학생들은 춤추듯 발전했습니다. 칭찬의 말을 듣는 순간 기분이 좋아지는 것은 당연했습니다. 거기에 칭찬 내용을 기록했지요. 학생들은 칭찬인 줄 모르고 지나갔던 긍정의 말들을 예리하게 포착했습니다. 칭찬 기록으로 행복을 누적해 갔습니다.

칭찬을 받는 것조차 부끄러워하던 학생들은 점차 자존감이 회복되었습니다. 자신감이 충만해졌지요. 칭찬을 받던 학생들이 어느 순간 칭찬을 베푸는 사람으로 변화되었답니다. 친구들과 서로 칭찬을 주고받는 모습이 일상이 되었습니다. 우리 학급은 다툼이 없어졌습니다. 서로 존중하고 배려하며, 모든 활동에 즐겁고 적극적으로 참여했습니다. 칭찬에서 시작한 긍정의 에너지는 학습에도 이어지더군요. 학생 스스로 부족한 면을 인정하고 발전을 위해 자기 주도적으로 노력했습니다. 인성

뿐 아니라 학업도 크게 향상되었습니다.

담임은 늘 분주합니다. 모든 학생을 하루에 한 번 이상 칭찬해야 하기 때문이지요. 학생들과 함께하는 모든 순간, 한 명 한 명의 말과 행동에 관심을 기울입니다. 작은 일 하나에서도 칭찬거리를 찾고, 칭찬의 원칙을 지키려고 노력합니다. 결과보다 과정 칭찬하기, 선행을 한 즉시 칭찬하기, 다양한 말로 구체적으로 칭찬하기. 학생들의 행복일지에는 칭찬을 많이 하는 선생님에 대한 감사가 항상 들어가 있답니다.

'칭찬은 칭찬을 낳는다.'라는 말이 있습니다. 학생들에게 칭찬받은 선생님은 기분이 좋아집니다. 한 번이라도 더 칭찬하기 위해 학생들의 예쁜 말과 바른 행동에 집중합니다. 선생님이 화를 내는 일은 발생하지 않게 되었답니다. 칭찬받은 학생들은 우리 선생님을 좋아합니다. 칭찬받기 위해 더 노력하지요. 화내지 않는 우리 선생님은 천사 같다고 하더군요. 그렇게 저는 해를 거듭할수록 천사 같은 칭찬쟁이 교사가 되어 갑니다.

저는 호랑이 같은 잔소리쟁이 엄마입니다

고등학생 딸과 중학생 아들, 사춘기 두 아이의 생활 모습을 보며 인상을 쓰고 한숨을 쉽니다. 자식을 성실하고 긍정적인 사람으로 길러내는 것을 부모의 역할이라 여기며, 엄마로서 아이들과의 생활에 진심이랍니다. 그러나 아이들은 엄마가 어릴 적 만들어 놓은 좋은 습관을 망가뜨리려 하더군요. 어찌나 부정적으로 생각하고 말하는지요. 발전을 위한 노력보다는 지금 당장 싫은 일은 어떻게든 안 하려고 합니다. 이런 모습을 보는 것이 정말 속상하고 답답합니다.

원래 잔소리쟁이 엄마는 아니었습니다. 저도 아이들 어릴 적에는 친절한 엄마였답니다. 예민하고 까탈스럽고 잠 안 자는 두 아이를 키웠습니다. 힘들었지만, 아이들에게 맞춰주며 기다리려고 노력했지요. 좋은 엄마가 되리라 많은 육아서를 읽었습니다. 서형숙 작가님의 책 중 마음에 들어오는 문구가 있더군요. '다루기 힘든 명품을 잘 관리해야 차별화된 명품인 것처럼 예민한 아이도 잘 기르면 귀하게 특별한 사람이 될 수 있다.' 읽고 또 읽으며 다짐했습니다. '예민하고 까탈스러운 내 자식 잘 관리해서 명품으로 키우리라!' 세심하게 특별 관리에 힘쓰는 다정한 엄마 역할에 충실했습니다.

딸의 유치원 선생님께서 버스에서 내리는 딸에게 물으셨다고 합니다. "엄마도 화를 내시니?" 딸을 마중 나와 버스를 기다리는 엄마는 항상 웃고 있었기 때문이지요.

두 아이 양육의 어려움을 빗대어 표현한 말을 들은 적이 있습니다.

'아이가 하나일 때 100% 주던 사랑을 아이가 둘이 되면 반반 나누어 50%씩 주어야 맞는 계산이다. 그러나 실제로는 두 아이 모두에게 0%의 사랑이 돌아간다.' 200% 공감되는 말이었습니다.

친절하고 다정한 엄마는 점점 지쳐갔습니다. 예민하고 까탈스럽고 잠 안 자는 두 아이와 함께. 아이들은 자라면서 자기 생각을 갖게 되었습니다. 주장이 강해졌으며, 고집도 세졌답니다. 열심히 육아서를 읽고 실천했지만, 내 아이들에게 맞는 방법이 아니었습니다. 두 아이에게 50 대 50의 사랑을 주어야 맞습니다. 그러나 실제로는 0대 0의 비율이 적용되었습니다. 내가 노력해서 안 되는 일이 있다는 것을 처음 알게 되었습니다. 그것이 내 아이를 기르는 엄마의 일이라는 사실이 무척 슬펐지요.

주로 고학년 담임을 맡았습니다. 언제부터인가 우리 집 아이들을 바라보는 기준이 학급에서 가장 야무진 똑순이 6학년 여학생이었습니다. 아이들이 무슨 일을 하나 엄마 성에 차지 않았습니다. 왜 이것밖에 못 하느냐고 타박하기 일쑤였지요. 우리 반 학생들을 지도해서 효과를 보았던 것을 우리 집 아이들에게도 적용해 보았습니다. 그러나 꾸준한 실천은 어려웠답니다. 아이들한테서 나온 반응은 이랬습니다. "엄마는 우리에게 엄마예요. 선생님이 아니에요. 엄마 학생들에게나 하세요."

사춘기가 된 아이들은 하기 싫은 것들이 늘어났습니다. 이유는 단 하나, '귀찮음'이었지요. 엄마는 매 순간 할 말이 많았답니다. 그러나 아이들은 엄마 말을 무조건 잔소리로 여겼습니다. 이제는 엄마 말이 먹히는 나이가 아니었습니다. 그 누구의 정성 어린 조언과 충고도 그들을 움직이게 할 수 없었지요. 스스로 해야겠다고 판단되는 순간에만 움직였습니다. 아이들에게 하는 말을 최대한 아끼고, 꼭 필요한 말 외에는 하지 않으려고 노력했습니다. 엄마는 인내하고 또 인내했습니다. 기다리고 또 기다렸답니다.

땅속 마그마가 지표면을 뚫고 분출하여 화산 폭발이 일어나고, 용암이 되는 결정적인 순간이 있습니다. 엄마 마음속 참을성의 마그마가 성대를 뚫고 입 밖으로 분출하여 화가 폭발하고, 잔소리 용암을 만드는 결정적인 순간도 있지요. 화산 폭발을 막을 수 없는 것이 자연의 법칙이듯, 엄마의 화 폭발을 막을 수 없는 것이 자녀와 공동생활의 법칙입니다.

사춘기 아이들은 엄마가 화를 내도 무서워하지 않았습니다. 오히려 심하게 반항하며, 부정적인 생각과 나쁜 말을 점점 더 많이 하게 되었습니다. 모든 것이 싫다고 방문을 닫아버리기 일쑤였죠. 아이들은 더 이상 엄마를 좋아하지 않게 되었고, 대화조차 피하려고 했습니다. 화내는 우리 엄마는 호랑이 같다고 하더군요. 그렇게 저는 해를 거듭할수록 호랑이 같은 잔소리쟁이 엄마가 되어갑니다.

어릴 적에 딸은 엄마와 친구 같았습니다. 생각이 닮은 우리 모녀는 찰떡궁합이었지요. 그러나 어느 순간 딸은 엄마와 아무것도 공유하려 하지 않았습니다. 엄마에게 이야기하면 돌아올 대답은 뻔하다고 했습니다. '절대 잔소리하지 말아야지.' 마음을 굳게 먹고 대화를 시도했지만, 딸은 바로 귀를 막아버렸습니다. 엄마의 이야기는 항상 너무 길고, 결론은 '공부'라는 것이 이유였습니다. 친구 같았던 딸로 돌아오라고 하면 말대답을 했습니다. 예전의 자신도 엄마 딸이고, 지금의 자신도 엄마 딸이라고. 엄마는 예전의 모습만 그리워한다고. 지금의 자신은 인정해 주지 않는다고.

어릴 적 아들은 엄마 껌딱지였습니다. 엄마와 한시도 떨어져 있지 않아 우리 모자는 한 몸이었지요. 그러나 어느 순간부터 아들은 엄마와 그 무엇도 함께하려 하지 않습니다. 엄마가 제안하는 것에는 십중팔구 '싫어.'라는 대답만 돌아왔습니다. 아들은 엄마의 말 하나하나에 꼬투리를 잡고 화를 냈습니다. 왜 하고 싶은 것은 다 안 되느냐고. 왜 하기 싫은 것만 시키느냐고. 그리고 억지를 부렸습니다. 왜 자기 이야기는 듣지 않느냐고. 왜 자기를 사랑하지 않느냐고.

'사춘기이니까…. 아이들 잘못이 아니다. 호르몬이 하는 일이다. 나가서는 학교생활, 사회생활 잘하고 있지 않은가? 집에서 엄마한테 투정 부리지 않으면 누구에게 할 것인가? 더 심한 다른 집 아이들도 있다. 부정적인 감정을 쌓아두지 않고 표현하는 것은 건강하다는 증거이다. 어른인 엄마가 참고 노력해야 한다. 이해하자. 받아주자. 웃어주자. 잔소리를 멈추자.' 수없이 저에게 최면을 걸었습니다. 그러나 엄마도 감정이 있는 인간이기에 아이들의 말과 행동은 매번 상처가 되었지요. 바쁜 남편 도움 없이 독박 육아로 혼자 동동거리며 두 아이를 힘들게 키웠습니다. 내 자식들이 어떻게 나에게 이럴 수가 있는지 원망과 배신감이 밀려왔습니다.

중학생이 되는 아들의 사춘기 초기 증상은 초등학교 졸업식 후 긴 겨울방학을 맞아 절정에 이르렀습니다. 역시 방학을 맞은 엄마를 미치도록 힘들게 했지요. 아들은 하루에도 몇 번씩 아무것도 아닌 일에 화를 냈습니다. 우리 집은 그야말로 아수라장 전쟁터가 되었답니다. 전쟁의 원인은 항상 '엄마 때문'이었습니다. 전쟁의 무기는 '다 싫다고 소리 지르며 난동 부리기'였습니다. 전쟁의 결과는 '이불 뒤집어쓰고 방에서 나오지 않기'였습니다. 협상 불가, 휴전 불가, 종전 불가 상황. 엄마는 언제 발발할지 모르는 전쟁 때문에 맘 졸이고 불안하여 신경 쇠약에 걸릴 지경이었습니다.

아들과의 육탄전이 시작되면 엄마는 머리가 하얘졌습니다. 눈물만

쏟아질 뿐 뭘 어떻게 해야 할지 판단할 수 없었습니다. '크는 과정이다. 다 지나갈 것이다. 시간이 해결해 준다.' 아무리 반복해서 되뇌어도 상황은 달라지지 않았습니다. 힘든 마음은 사라지지 않았지요. 연습 없이 매 순간이 바로 실전인 엄마 노릇은 힘들기만 했습니다. 사춘기 아들과 처음 살아본 엄마는 어찌할 바를 몰랐답니다.

교사 맘의 이중생활은 딜레마였습니다

교사와 학생으로 만난 학급 아이들은 해마다 잘 길러냈습니다. 부모와 자식으로 만난 내 아이들은 제대로 키우지 못했습니다. 교사 맘의 이중생활은 풀어야 할 숙제가 되었답니다. 매일 반복되는 전쟁터에서 엄마도 살고 아이들도 살릴 방법을 찾아야 했죠.

아들은 매번 감정 통제에 실패했습니다. 머리로는 잘못된 행동임을 알면서도요. 그러나 아들만을 탓할 수는 없었습니다. 엄마도 알고 있었죠. 한 발 더 물러나서 잔소리를 멈추어야 한다는 것을. 스스로 할 때까지 기다려 주어야 한다는 것을. 긍정의 말로 인정해 주어야 한다는 것을. 머리로는 알면서도 실천하지 못하고, 감정 통제에 실패하는 것은 엄마도 마찬가지였습니다. 아니, 어른인 엄마는 아들보다 훨씬 더 전쟁의 주범이었습니다. 아들이 '사춘기'라는 명분을 내세웠다면, 엄마는 '갱

년기'라는 구실로 맞대응하려 했습니다.

전쟁에서 살아남을 방법을 찾던 중 『김미경의 마흔 수업(김미경, 엠 케이유니버스)』을 읽었습니다.

"이 추진력과 열정으로 과거와 미래를 연결하며 치열하게 오늘을 살아내고 있는 40대에게, 나는 이 이야기를 꼭 해주고 싶다. 단군 이래 가장 열심히 사는 '갓생 1세대'는 바로 당신이라고. 지난 20여 년간 실력으로 스스로를 증명하며 다져온 내공을 무시하지 말라고. 그 힘으로 당신은 자신이 원하는 어떤 삶도 시작할 수 있다고 말이다."

이 대목에서 눈물이 났습니다. 지친 저를 위한 위로의 말인 것 같았지요. 20년간 교사로서, 엄마로서 진심으로 최선을 다했습니다. '그간의 노력으로 내 아이들과 좋은 관계를 유지할 수 있지 않을까? 그 힘으로 새로운 엄마의 삶을 시작할 수 있지 않을까?' 용기가 생겼습니다.

책을 계속 읽다가 당장 해야 할 일을 찾아냈습니다.

"습관은 평범한 사람이 성공할 수 있는 유일한 방법이다. 습관을 정복하면 평범한 사람도 더 이상 평범하지 않다. 무조건 비범해진다. 습관은 눈으로 보고 읽으면 아무것도 아닌 단어일 뿐이지만 몸으로 해내면 기적이 된다. 우리에게는 기적을 만들 수 있는 또 다른 내가 있다. 내

안의 또 다른 나를 끄집어낼 수 있는 유일한 열쇠는 오직 '꾸준함'이다."

지극히 평범한 제가 성공할 수 있는 유일한 방법은 좋은 습관을 갖는 것이었습니다. 습관을 기르기 위해 조금씩 매일 꾸준히 하는 것만큼은 자신 있었습니다. 그래서 아이들과의 관계를 회복하기 위해 조금씩 매일 꾸준히 할 수 있는 일을 생각해 보았습니다.

가장 좋은 방법은 학급에서처럼 매일 칭찬하는 것이었습니다. 그러나 아이들은 이미 엄마의 모든 언어적, 비언어적 소리를 잔소리로만 인식했습니다. 말로 칭찬하면 기억하지 못할 가능성이 컸지요. 기록을 남길 필요가 있었습니다. 아이들 어릴 적 감사 일기나 행복일지를 잠시 함께 쓰기도 했습니다. 지금 또 하자고 한다면? 분명히 "엄마나 하세요."라는 냉소적인 반응뿐이겠죠. 아이들에게 과제를 주어서는 안 됩니다. 엄마 혼자 할 수 있는 일이어야 했습니다.

학창 시절부터 남편과의 연애 시절까지 저는 편지 쓰는 것을 좋아했습니다. 그러나 아이들에게는? 첫째가 배 속에 있을 때는 태교 일기를 열심히 썼습니다. 둘째는 태교 일기도 없었습니다. 그 이후에는? 엄마가 외출할 때 먹거리를 준비해 놓고, 식탁에 써놓은 몇 줄의 메모가 전부였습니다. 그래서 결심했습니다. 아이들에게 매일 칭찬하는 손 편지를 써주기로.

새해를 맞아 '조매꾸(조금! 매일! 꾸준히!)' 활동으로 교사 맘의 이중생활을 해결하기로 했습니다. 아이들과의 관계 회복 프로젝트 '칭찬 편지로 엄마 마음 표현하기'를 시작했죠. 매일 꾸준히 하기 위해서는 부담스러운 숙제가 되면 안 됩니다. 두껍지 않은 작은 공책 두 권을 준비했어요. 한 권은 딸에게, 다른 한 권은 아들에게 쓸 칭찬 편지 공책이었습니다.

답장은 절대 기대하지 않기로 다짐했습니다. 아이들이 화나게 하는 날에도 빠지지 않고 쓰기로 스스로 약속했지요. 잘못한 행동이 있더라도 편지에는 반드시 칭찬만 쓰기로 규칙을 정했습니다. 조매꾸 활동을 며칠째 했는지 표시하기 위해 편지 한 편당 '1사랑'이라는 단위를 정하고 날짜 위에 적기로 했습니다.

To. 받는 사람

아들에게 칭찬 편지 쓰기 1일 차, 어떻게 시작해야 엄마 마음을 전할 수 있을까 생각했습니다. 읽은 책을 활용하기로 했지요.

♡ 1사랑

세상에 오직 1명 소중한 아들에게

어제 엄마가 읽은 책 『밝은 밤(최은영, 문학동네)』에 이런 구절이 나온단다.

"마음이라는 것이 꺼내 볼 수 있다면, 가끔 가슴에 손을 넣어 꺼내서 따뜻한 물로 씻어주고 싶었다. 깨끗하게 씻어서 수건으로 물기를 닦고 해가 잘

들고 바람이 잘 통하는 곳에 널어놓고 싶었다. 그러는 동안 나는 마음이 없는 사람으로 살고, 마음이 햇볕에 잘 마르면 부드럽고 좋은 향기가 나는 마음을 다시 가슴에 넣고 새롭게 시작할 수 있겠지. 가끔은 그런 상상을 하곤 한다.¨

엄마가 하고 싶은 '마음 꺼내 깨끗하게 닦기'가 이 책에 나와서 깜짝 놀랐어. 모든 사람이 자기 마음을 어떻게 할 수 없나 봐. 그러니 이런 상상을 하며 답답해하겠지? 그런데 마음 꺼내 닦기는 정말 상상으로밖에 할 수 없어. 그러니 또 모든 사람이 어쩔 수 없이 스스로 보이지 않는 마음 다스리기를 다짐하고 연습하고 노력하는 것이겠지?

엄마가 하는 말들이 아들에게 닿지 않고 화만 나게 하니, 글로 전해볼게. 엄마는 엄마의 마음을 햇볕에 말린 것처럼 보송보송하게 다스리기 위해 아들에게 '1일 1 칭찬'을 할게.

오늘의 칭찬: 스스로 카르보나라 스파게티를 만들어 먹을 만큼 우리 아들 많이 컸구나.

전쟁을 한 차례 치른 후였습니다. 아들은 며칠째 자기 방에서 나오지 않았고, 가족과 말도 하지 않는 상황이었습니다. 전쟁의 원인은 하도 사소하여 기억에도 없었습니다. 외출하고 돌아오니, 아들은 스스로 스파게티를 만들어 먹고 있었습니다. 배가 고팠던 모양입니다. 아들은 보통 배가 고프거나 식사 시간이 되면 외출한 엄마에게 전화해서 자기 밥은 어떻게 해야 하느냐고 묻곤 했습니다. 냉전 중이라 전화할 수 없었나 봅니다. 대신 손수 먹거리를 찾아 요리했습니다. 비록 간편식이지만, 칭찬할 만한 일이었습니다. 스스로 끼니를 해결한 것을 칭찬하며 '1사랑'을 채웠습니다.

칭찬 편지 '2사랑'에는 두 가지를 칭찬했습니다. 한 가지는 아들이 설거지를 한 일이었습니다. 원래 엄마가 없을 때 아들이 먹고 나면, 정리는 늘 돌아온 엄마 몫이었죠. 다른 한 가지는 아들이 자기 방문을 열어놓은 것이었습니다. 며칠째 닫혀있던 방문이 열리니 너무 반가웠습니다. 자기 방에서 문을 열고 나와 설거지를 한 아들. 열린 방문이 마치 아들 마음인 것 같아서 기뻤습니다. 칭찬 편지 2일 차에 벌써 아들의 변화가 보이는 것 같아 설렜습니다.

'3사랑'에는 안과 가서 검진하고 안경 맞춘 것을 칭찬했습니다. 갑자기 나빠진 시력으로 아들은 몇 달 전부터 드림 렌즈를 착용하고 있었습니다. 그러나 어느 순간 불편하다는 이유로 렌즈 착용을 자체적으로 중단해 버렸죠. 아들의 눈이 걱정이었습니다. 방학 내내 안과에 가자고 했지만, 아들은 요지부동이었습니다. 어쩐 일인지 그날은 순순히 안과에 갔습니다. 더 나빠진 시력을 보완하고자 안경까지 새로 맞추었습니다. 새로운 것에 항상 거부감을 가져 애를 먹이던 아이였습니다. 안경

착용 상황을 받아들이고, 새로운 물건인 안경을 쓰고 있는 것 자체가 신기했답니다.

　칭찬 편지를 쓰며 엄마도 마음을 다스리는 중이었습니다. 그러나 며칠 전 아들과의 전쟁으로 인해 속이 계속 안 좋은 상태였습니다. 안과에 다녀온 날에도 울렁거림과 구토 증세가 있었습니다. 그런데 아들이 엄마 등을 두드려 주고, 손도 따주는 것이 아니겠어요? 엄마는 아들의 부족한 공감 능력이 늘 걱정이었습니다. 그러기에 아픈 엄마를 걱정하고 치료해주는 아들의 모습이 특별하게 느껴졌습니다. 편지에 칭찬하지 않을 수 없었죠. 병 주고 약 주는 아들의 모습에 웃음도 나왔습니다. 평소 기분 좋을 때는 전쟁터에서의 모습과는 상반되게 자상한 아들. 이제 기분이 조금 나아진 것 같아 안심했습니다.

　칭찬 편지 9일 차에는 놀라운 일이 있었습니다. 아침에 아들과 약속한 내용이 새로 읽기 시작한 책에 나온 것이었어요. '9사랑' 편지는 책의 내용을 인용했습니다. 엄마가 하는 이야기가 근거 없는 잔소리가 아니라는 것을 알아주기를 바랐답니다.

　♡ 9사랑

　엄마가 오늘부터 읽기 시작한 『자기관리론(데일 카네기, 현대지성)』에서 이런 문구를 발견하고 깜짝 놀랐어.

"아무리 힘든 일이라도 누구나 하루 동안은 할 수 있다. 모든 사람은 해가 질 때까지 다정한 태도로 인내하고 사랑하며, 순수하게 살 수 있다."

결국 작가가 하고 싶은 말은 '오늘을 충실하게 살아가라.'라는 거야. 엄마가 오늘 아침에 아들한테 '오늘 딱 하루만 화내지 않기'를 제안했는데, 책 내용과 똑같아서 너무 신기했어. 과거 생각하지 말고 미래 걱정하지 말고, 딱 오늘만 화나고 욱하는 것 참자. 내일은? 내일이 오늘이 되면 또 딱 하루만 견디자. 그렇게 하루하루가 쌓이면 화내지 않는 생활을 하게 되는 거야. 욱하고 짜증내는 습관이 사라지고, 잘 참고 스스로 마인드 컨트롤을 잘하는 사람이 되는 거야.

딱 하루만 화내지 않기 도전 1일 차 결과는? 성공! 대성공!

오늘 아들은 심하게 화내지 않았어. 해야 할 일을 다 했어. 그러니까 보고 싶던 드라마도 볼 수 있었지? 딱 오늘 하루씩만 해보자. 내일도 도전!

아들은 아침에 약속한 '오늘 딱 하루만 화내지 않기'를 하루 종일 지키고자 노력했습니다. 첫날부터 도전에 성공한 것은 진정 칭찬할 만한 일이었습니다. 아들은 기분 좋을 때는 약속을 잘 지킬 것처럼 보입니다. 기분이 나빠지는 순간이 찾아오면, 약속했다는 사실조차 부인하기 일쑤였습니다. 도전 첫날, 아들은 분명 스스로 노력했습니다.

아들은 '짜증의 역치'가 낮았습니다. 다른 사람에게는 아무것도 아닌 일이 아들에게는 화낼 요소가 되었습니다. 그러나 아들은 첫 성공 다음 날에도, 그다음 날에도 마음을 다스리며, '오늘 딱 하루만 화내지 않기'를 실천했습니다. 화나는 일들을 그냥 넘기기 위해 애썼습니다. 참으려고 스스로 노력하는 모습이 눈에 보여 기특하고 고마웠습니다.

엄마는 매일 칭찬 편지로 아들의 노력을 격려했습니다. '14사랑' 편지는 2장이나 썼습니다. 아들이 일주일 동안 화를 내지 않았기 때문이지요. 그 주는 평화로운 휴전 상태였습니다. 칭찬 편지를 쓴 지 2주 만에 아들의 변화를 분석해 보았습니다.

♡ 14사랑

아들, 엄마는 이번 주를 특별한 주로 여기고 평생 기억할 것 같구나. 월요일부터 시작한 '오늘 딱 하루만 화내지 않기' 약속이 오늘까지 7일째 일주일 동안 지켜졌어. 우리 아들은 이번 주 내내 짜증내거나 화내지 않았어. 할 일 열심히 하고, 답답한 일이 있어도 잘 참았어. 진심으로 고마워! 이렇게 약속 잘 지키는 우리 아들 엄마가 많이 사랑해! 아들이 화내지 않으니까 우리 집에 평화가 찾아왔어. 이렇게 딱 하루씩만 서로 이해하고 배려하고 참고 잘 지내보자. 뾰족뾰족 마음을 둥글둥글한 마음으로~♡

아들이 일주일 동안 어떻게 부정적으로 반응하지 않고 긍정적으로 생활할 수 있었는지, 아들 마음에서 어떤 변화가 일어났는지 엄마가 곰곰이 생각해 봤어. 방학 특강 농구를 시작해서일까? 엄마가 편지를 써주어서일까? 그런데 해답을 오늘 읽은 책에서 찾아냈어. 『자기관리론(데일 카네기, 현대지성)』 '평화와 행복을 부르는 7가지 자세'에 이런 문구가 나와 있어.

"행동은 감정을 따르는 것처럼 보이지만, 실제로는 행동과 감정이 함께 간다. 따라서 의지로 직접 통제할 수 있는 행동을 조절한다면, 의지에 통제되지 않는 감정도 간접적으로 조절할 수 있다.", "'마음을 먹는다'라고 해서 곧바로 감정을 바꿀 수는 없다. 하지만 적어도 행동은 '바꿀 수' 있다. 그리고 행동을 바꾸면 자연스럽게 감정도 바뀌기 마련이다."

말이 좀 어렵지? 정리하면…

1. 아들이 딱 하루만 화내지 않겠다고 마음을 먹었다.
2. 짜증 날 때 '버럭'을 참고 화내지 않는 행동을 했다.
3. 불같이 화나던 감정이 가라앉고 평온한 감정으로 바뀌었다.

결국 아들 '마음 → 행동 → 감정' 순서대로 변화된 거야. '에머슨'이라는 사람이 『자기 신뢰』라는 글에서 이렇게 말했대.

"당신에게 평화를 가져다줄 수 있는 것은 당신 자신밖에 없다."

결국 아들 스스로 해낸 거야! 엄마가 그토록 아들에게 바랐던 '마인드 컨트롤'을 드디어 성공했어!

우리 아들 정말 장하다!

진짜 진짜~ 너무너무~ 엄청 엄청~ 고 · 마 · 워…♡

아들이 이해하기 쉽게 마음, 행동, 감정 세 낱말에 하트 표시를 해 두었습니다. 아들은 마음을 먹었고, 행동을 변화시켰으며, 감정까지 달라진 것이었습니다. 얼마나 감사한 일인지. 조마조마했던 순간들을 잘 넘긴 뒤에 맛볼 수 있는 특별히 행복하고 기쁜 일주일로 기억될 것 같았습니다.

아들 스스로 만든 변화였습니다. 그러나 소망했습니다. 엄마의 조매꾼 칭찬 편지가 아들 마음에 아주 작은 변화의 씨앗이 되었기를. 그리고 다짐했답니다. 칭찬 편지 씨앗에서 새싹이 나고 꽃을 피우고 열매를 맺을 때까지 더 열심히 조매꾼 하겠노라고.

아들의 변화는 화를 참는 것에서 그치지 않았습니다. 전혀 예상하지 못했던 예쁜 말을 하기 시작했지요. '15사랑' 편지는 방학 중 시간 활용이 주제였습니다. 방학에도 일찍 일어나서 아침 시간을 잘 활용하자는 엄마의 제안에 이렇게 대답했습니다. "내일은 농구 가는 날이니까 괜찮을 거예요." '못한다, 안 한다, 모른다'가 아니었습니다. 아들이 할 수 있는 것을 생각하고 예쁜 말로 표현한 것을 칭찬했습니다. 아들에게서 긍정의 말을 들을 수 있어서 감격스러운 날이었습니다.

'17사랑' 편지에는 누나와 상의해서 점심 메뉴를 정하는 상황이 기록되어 있습니다. 아들은 말했습니다. "오늘은 진짜 아무 말도 안 하고, 누나 먹고 싶은 것으로 먹을게요." 놀라웠습니다. 식사 메뉴를 정할 때마다 아들은 '딴지 3단계'를 발동시켰습니다.

1단계: 딱히 먹고 싶은 것이 없다. 2단계: 다른 식구들이 제안한 메뉴는 다 싫다. 3단계: 결국 짜증나서 안 먹겠다. 결론: 억지를 부린다.

그런 아들이 메뉴를 결정할 때 자신이 어떠했는지 분석했습니다. 좋은 선택이 무엇인지 판단했습니다. 자기 생각에 대해 생각하는 '메타인지 능력'을 칭찬하는 편지를 썼습니다.

조매꾸 칭찬 편지 18일 차, 아들은 드디어 자신의 변화를 선언했습니다.

♡ 18사랑

아들에게서 이런 말을 듣게 될 줄이야!

"저 이제 진짜 달라졌어요."

엄마가 그토록 소망하고 기도했던 '아들의 변화'… 그리고 덧붙인 말…

"설 연휴에 할머니, 할아버지 댁에 갈 때 숙제하고 공부할 것 가져가서 매일 조금씩 할 거예요. 뭘 가지고 갈지 다 계획 세워 놓았어요."

세상에! 아들이 스스로 이런 생각을 했다니…. 순간적인 기분에 따라 '하기 싫다.', '안 하겠다.'라고만 하던 아들에게 엄마가 바라던 것이 바로 이것이었어. 해야 할 일을 매일 조금씩 나누어서 하는 것. 스스로 생각하고 계획하는 것. 엄마가 원했던 딱 그것을 아들이 자발적으로 한다고 하니, 엄마 너무 감격스럽다! 이번 명절에는 엄마 잔소리가 필요 없을 것 같다. 아들의 멋진 생각 변화 덕분에 할머니, 할아버지, 삼촌, 엄마, 아빠, 누나 모두 평온한 명절을 보낼수 있을 것 같은 예감이야. 명절 동안 아들 계획 잘 실천하자. 기대할게~

아들은 실제로 설 명절에 할머니, 할아버지 댁에 가면서 숙제와 공부 거리를 스스로 챙겼습니다. 매일 잠깐씩이라도 준비해 간 문제집과 책을 꺼내 보았습니다. 하루는 누나를 따라서 스터디카페에도 잠시 다녀왔지요. 할머니, 할아버지, 삼촌 모두 놀라움을 금치 못하셨습니다. 마냥 떼쓰는 어린아이로만 보이던 손자가 중학생이 되니 달라지는 모양이라고 기특해하셨습니다.

"저 이제 진짜 달라졌어요." 변화를 당당하게 선언하는 아들의 마음을 꺼내 보고 싶었습니다. 변화의 기저는 무엇인지, 변화의 방향은 어떠한지, 변화 지속성은 얼마인지 궁금했습니다. 아들의 마음을 꺼내 현미경 위에 올려놓고 자세히 들여다볼 수 있다면 얼마나 좋을까요? 변화의 기저는 엄마의 사랑 인식, 변화의 방향은 긍정적, 변화 지속성은 영구적이기를 간절히 기도했습니다. '1사랑' 편지에서는 답답한 마음을 씻어내기 위해 마음을 꺼내보고 싶었다면, 18일이 지난 시점에서는 아들의 둥글둥글 마음 확인을 위함이 되었습니다. 짧은 시간 동안 큰 변화가 있었음에 감사했습니다.

마음, 행동, 말이 달라진 아들은 선행을 실천하기 시작했습니다. 식구들을 위해 아침 식사를 준비하겠다고 자청했습니다. 전날 밤 집에 있는 재료를 미리 확인하고, 다음 날 일찍 일어나서 덮밥을 만들었답니다. 맛도 비주얼도 훌륭했지요. 무엇보다 가족을 위한 봉사 점수, 혼자 요리에 도전하는 자신감 점수를 높이 평가하고 칭찬했습니다. 또한 엄마, 아빠가 집안일을 하고 있으면 적극적으로 도왔습니다. 자기가 해보겠다고 발 벗고 나서서 해결하고자 했습니다.

설 명절 친가에서 아들은 상차림을 도왔습니다. 외가에서는 외할머니, 외삼촌을 도와 설 명절 음식을 직접 만들었습니다. 필요한 물건 사 오는 심부름은 아들이 도맡아 했습니다. 그리고 윷놀이하며 외할아버지를 즐겁게 해드렸습니다. 외할아버지의 웃음소리가 그렇게 크고 신났던 것은 실로 오랜만이었어요. 설 명절 기간 아들은 짜증을 한 번도 내지 않고, 가족들이 말하는 무엇이든 바로 실천했습니다. 가족들은 아들을 향해 연신 칭찬의 말을 건넸습니다. 명절 기간 칭찬 편지에는 12개의 칭찬을 썼습니다. 편지지 한 장에 넣기 위한 12개이지, 세부 내용을 썼더라면 120개도 넘는 칭찬을 할 수 있었답니다.

선행을 실천하는 아들에게 '19사랑' 편지에는 이렇게 썼습니다.

♡ 19사랑

우리 아들이 요즘 매일 엄마를 놀라게 하고 감동을 주네. 고마워!

데일 카네기 『자기관리론』 '평화와 행복을 부르는 7가지 자세' 중 일곱 번째야.

"다른 사람에게 작은 행복을 주려고 노력함으로써 자신의 불행을 잊으라. 다른 사람에게 선을 행하는 것이 자신에게 가장 좋은 일을 하는 것이다."

가족을 위한 선행으로 오늘 아들도 행복했기를…. 아들 덕분에 아빠, 엄마, 누나는 확실히 행복했어. 사랑해~♡

조매꾸 칭찬 편지를 쓰면서 막무가내였던 사춘기 아들과의 전쟁은 조금 잠잠해졌습니다. 그러나 완전히 마음을 놓을 수는 없었습니다. 짜증 낼까 조마조마하고, 화낼까 불안불안하고, 다 안 한다고 할까 초조한 순간들이 있었답니다. 엄마가 말한 아침 메뉴는 전부 싫다며, 냉장고 문을 열었다 닫았다가 했어요. 다음에 이어질 행동이 예상되어 조마조마했습니다. 중학교 통지서를 받으러 초등학교에 갈 때 1~2분 늦었는데, 모두 엄마 때문이라고 화낼까 불안했습니다. 오랜만에 농구를 한 다음 날 다리가 아파서 못 일어난다고 이불을 얼굴까지 뒤집어썼어요. 이불 속 동굴에 자신을 가두어 놓을까 초조했습니다.

다행히도 아들은 짜증이 몰려올 때마다 '오늘 딱 하루만 화내지 않기'를 떠올리는 것 같았습니다. 대부분의 순간을 잘 참고 넘어갔답니다. 그런 날은 칭찬 편지 한가득 아들의 인내심과 감정 통제 능력에 대해 칭찬했지요.

엄마의 편지 몇 통 받았다고 갑자기 사춘기 아들의 전쟁 증상이 싹 사라지진 않았습니다. 사람이 하루아침에 완전히 다른 사람이 될 수는 없으니까요. 순간 욱하는 마음을 참지 못하고 예전처럼 성질을 부리는 날도 있었답니다.

중학교 학습 내용을 예습하고 있을 때였습니다. 갑자기 안 하겠다고 떼를 썼습니다. 어느 순간 분량이 많아서 부담감이 밀려왔나 봅니다. 아들은 눈으로 봤을 때 많거나 어려워 보이는 것은 시도조차 하지 않으려 합니다. 내가 왜 이걸 해야 하냐며 회피하려는 경향이 있답니다. 그러나 칭찬 편지 '6사랑'이었던 날은 끝까지 해야 할 공부를 했습니다. 한 차례 떼를 쓰고 전쟁을 치른 후라는 사실은 안타까웠지만, 잘한 것에만 초점을 맞추어 칭찬했습니다. 아들로서는 싫은 일을 참고 견디며 끝까지 해낸 것이니까요.

칭찬 편지 쓰기 3주가 지나고 한 차례 고비가 찾아왔습니다. 걷기 좋을 만큼 바람 없이 따뜻했던 늦겨울 토요일, 가족끼리 저녁 외식을 하기로 했습니다. 평소 산책하며 눈도장 찍었던 음식점이 생각났습니다. 아이들과 방문하자고 남편과 이야기했던 곳이었지요. 집에서부터 전철로 한 정거장 거리였습니다. 날씨는 따뜻했고, 식당 거리는 가까웠어요. 아이들에게 걸어서 가자고 제안했습니다. 걷기를 싫어하는 아이들은 마지못해 걷기 시작했습니다. 아빠, 엄마의 '가깝다'라는 말만 믿고.

5분쯤 걸었을 때 아들이 퉁명스럽게 물었습니다. "가깝다더니 얼마나 남았어요?" 10분쯤 걸었을 때 아들의 짜증이 시작되었습니다. "거의 다 왔다더니 도대체 어디예요?" 15분쯤 걸어 목적지에 거의 도착했을 때 아들은 폭발했습니다. "다 와서 보인다더니 도대체 어디까지 가는 거예요? 배도 고프고, 다리 아파 죽겠는데….” 아들은 대부분의 운동을 좋아하고 잘한답니다. 그런데 이상하게 걷는 것을 싫어했습니다. 출발 전 아들에게 지도 앱으로 정확한 위치를 알려주어야 했습니다. '가깝다'라는 불명확한 말로 아들을 회유한 것이 후회되었습니다.

음식점에 들어가서도 아들은 툴툴거렸습니다. 자리가 마음에 들지 않는다는 것이 이유였지요. 식사하는 내내 화난 표정으로 말 한마디 하지 않았습니다. 가족들은 야단치고 잔소리하고 싶은 마음을 꾹 눌러 참았지만, 모두 불편한 마음으로 식사했습니다. 딱 하루만 화내지 않기 약속을 잘 지키던 아들이 화를 냈습니다. 엄마는 아주 속상했지요. 아들이 툴툴거려서 바꾸어 앉은 자리는 바람이 술술 들어왔습니다. 추운 곳에서 불편한 마음으로 밥을 먹었습니다. 엄마는 그날 저녁 먹은 것이 체해서 고생을 해야 했답니다. 조매꾸 칭찬 편지가 물거품이 되는 것은 아닌지 불안했습니다. 조매꾸 아들의 변화가 원상태로 돌아가는 것은 아닌지 걱정이 되었습니다.

그날 밤 아들이 엄마에게 다가왔습니다. 그리고 엄마를 안아주며 말했습니다. "짜증 내서 죄송해요." 아들 말 한마디에 속상했던 마음이 싹 녹았습니다. 전쟁이 다시 시작되면 어쩌나 했던 엄마의 생각은 쓸데

없는 걱정이었습니다. 화를 내기는 했습니다. 그러나 아들은 분명 달라졌습니다. 자기 잘못을 금방 인지하고 사과하게 된 것이지요.

'22사랑' 편지에는 자기 잘못을 빠르게 인정하는 것은 아주 좋은 태도라고 칭찬했습니다. 사람은 누구나 짜증나는 상황이 있고 화를 낼 수 있습니다. 잔소리쟁이 엄마 주제에 칭찬 편지 며칠 썼다고, 아직 어린 아들이 성인군자가 되어주길 바란 것은 아닌지 반성했습니다. 엄마의 생각이 짧았던 것은 아닌지, 또 기다리지 못하고 조급해한 것은 아닌지 돌아보았습니다. 아들은 조매꾸 변해가고 있었습니다. 조매꾸 칭찬 편지와 함께.

♡ 49사랑

* 2024년 3월 10일 일요일 칭찬

아들이 저녁 먹고 방에 들어가며 물었어. "엄마 계획표에 운동이
들어 있나요?" 그럼요. 당연히 운동 계획 있지요.
"엄마 할 일 얼마나 남았어요? 운동 몇시에 하실거예요?"
아들의 신사적인 함께 운동 제안~ 오늘 너무 많이 먹었다고
운동을 해야한다는 아들과 9시 30분에 운동하기로 약속했어.
그런데 9시 30분까지 각자 할 일을 열심히 했지만, 엄마가
조금 더 해야하네. "알았어요. 10시까지 영어 숙제 더 하고
있을게요." 엄마를 이해해주는 아들의 넓은 마음~
10시에 아들과 운동 시작~ 오랜만에 아들과 함께 하는 운동~
스스로 하겠다고 해서 일까? 오늘 아들 동작 너무 좋은데!
소화가 쭉쭉 되는 소리가 들린다. 내일 아침에는 몸이 좀
가벼워져 있을 거야. 엄마는 아들과 운동을 함께 한 것도 좋았지만,
아들이 운동을 제안하는 예쁜 말들이 너무 듣기 좋았어.
상대를 배려하고 존중하며 상황을 이해해주는 멋진 마음에서
나오는 아름다운 말이었어.
상대의 마음을 움직이는 건 결국 나의 마음과 말이란다.
스윗 가이 우리 아들~ 사랑해~♡

37

From. 보내는 사람

'조매꾸 칭찬 편지'는 엄마를 멀리하고 대화를 차단하려는 아이들과의 거리를 좁히고자 시작한 일이었습니다. 그러나 칭찬 편지를 쓰면 쓸수록 이것은 저 자신을 위한 일이었음을 깨닫게 되었답니다.

엄마는 아이들과 소통하는 중입니다

잠을 자지 않는 아들 때문에 끔찍했던 시간들이 있었습니다. 신생아였던 아들은 엄마 품에서 3시간 동안 칭얼거리다 겨우 잠들었습니다. 조심스럽게 내려놓으면 15분 정도 잠깐 자다가 깨어나 칭얼거리기를 반복했습니다. 아기를 재우다 지쳐 울고 있는 엄마를 향해 유치원생 딸이 말했습니다. "엄마, 제가 '유관순' 책에서 읽었는데, 행복해서 웃는 것이 아니라 행복해지기 위해 웃는 것이라고 했어요. 엄마도 웃으세요. 행복해질 거예요."

엄마 손이 여전히 필요한 여섯 살 누나였습니다. 동생에게 엄마를 모조리 빼앗겨 심통을 부릴 법도 했지요. 그러나 어린 딸은 유관순보다 더 의젓하게 감동적인 말로 엄마를 응원했습니다. 그 시절 저를 살린 것은 분명 딸이었습니다.

엄마와 예쁜 말로 온 마음 다해 소통하던 딸은 어느 순간 엄마를 향한 마음의 문을 굳게 닫아버렸습니다. 엄마와 눈도 마주치지 않았고, 대답도 늘 건성이었습니다. 왜 굳이 엄마에게 일상을 말해야 하냐고, 자신에 대해 엄마가 전부 알 필요는 없다고 했습니다. 이제는 딸이 가장 알 수 없는 사람이 되었습니다.

그런 딸이 엄마의 칭찬 편지를 받았습니다. 너무 오글거린다는 반응이었습니다. 엄마의 글은 엄마의 말만큼이나 길다며, 자기는 난독증이라 읽기 어렵다고 했습니다. 그러나 편지 쓰지 말라고 하지는 않았습니다. 오늘 편지는 다 썼는지 물어보기도 했지요. 다 읽은 칭찬 편지 공책을 엄마에게 반납하기도 했답니다. '편지 공책을 가져다준다는 것은 다음 편지를 기다린다는 뜻이 아닐까?' 조심스럽게 딸의 마음을 예상해 보았습니다. 오글거려도, 읽기 어려울 만큼 길어도, 엄마의 마음만은 딸에게 도착했기를 간절히 기도했습니다.

하루는 책을 읽다가 딸이 꼭 읽었으면 하는 부분이 있었습니다.

사진을 찍어 휴대전화 메시지로 전송했습니다. '엄마 잔소리로 생각하고 제대로 읽지 않겠지.'라는 생각으로 큰 기대 없이 보냈습니다. 그런데 예상치도 못했던 딸의 답장이 도착했습니다. 고맙다는 이모티콘이죠. 정말 감동이었답니다. 딸은 자신이 필요한 것 요구할 때를 제외하고는 엄마에게 메시지 보내는 일이 드물었습니다. 딸에게 쓴 칭찬 편지 '10사랑'에는 딸의 답장에 엄마가 느꼈던 감동을 표현했습니다. 딸이 엄마에게 신호를 보낸 것이리라 의미를 부여했습니다. 마음의 자물쇠를 풀었다는 신호를.

엄마는 마음을 챙기며 성장하는 중입니다

아들이 엄마의 편지를 읽지 않았다고 생각한 어느 날이었습니다. 아들에게 엄마 편지를 읽었는지 물었죠. 아들은 말했습니다. "편지 읽었는지 묻지 마세요. 엄마가 좋아서 하는 일이잖아요."

순간 정신이 번쩍 들었습니다. 아이들과 관계 회복을 위해 칭찬 편지를 쓰기로 결심한 날 다짐했습니다. 절대로 아이들에게 그 무엇도 기대하거나 바라지 않을 것을. 부정적인 시선으로 바라보고 사기를 꺾는 말을 하여 아이들의 자존감을 떨어뜨린 것은 바로 엄마였습니다. 칭찬 편지는 그런 저를 변화시키기 위한 노력이었지요. 며칠이나 지났다고 다짐을 잊고, 은근히 아이들에 대한 기대감이 올라오다니.

"행복해지고 싶다면 감사를 바라지 말고, '주는 기쁨'을 얻기 위해 베풀라." 공감하며 읽었던 『자기관리론』 '감사할 줄 모르는 사람에게 상처받지 않는 법'에 형광펜 밑줄을 굵게 쳤습니다. 그러나 실천하지 않았던 것입니다. 그 뒤로는 절대 아이들에게 엄마 편지를 읽었는지 묻지 않았습니다. 앞으로도 묻지 않을 예정입니다. 칭찬하는 엄마 마음을 주는 기쁨만 느낄 것입니다.

아이들에 대한 걱정과 불안의 마음을 통제하고 있습니다. 아들에게 쓴 편지에는 화가 나는 상황을 잘 참아낸 것을 칭찬하는 내용이 많습니다. 아들은 참을 수 있는 아이였습니다. 그런데 예민하다는 타고난 기질만 탓했습니다. '이 아이는 이럴 것이다.' 딱 거기까지만 기대했었던 것 같습니다.

어쩌면 엄마의 불안한 마음이 아이들에게 전염되었을지 모릅니다. 옮아간 불안이 아이들을 스스로 믿지 못하게 만들었을 수도 있지요. 자존감이 낮아진 탓에 엄마의 기대에 못 미칠까 두려웠을 아이들. 엄마를 멀리하게 되었고, 잔소리에 대한 방어 기제로 나쁜 소리를 하게 되었을 것입니다.

걱정하고 불안한 엄마 마음부터 챙기기로 했습니다. 칭찬 편지뿐 아니라 필사, 운동, 독서, 블로그, 교사 모임 등을 하며 엄마의 하루를 꽉 채웠지요. 너무 바빠서 걱정하고 불안해할 시간이 없었습니다. 잔소리할 틈도 없었어요. 조매꾸 칭찬 편지와 함께 변화된 것은 아이들만이 아니었습니다. 더 큰 변화는 엄마에게 일어났답니다.

아이들에게 엄마의 기대는 부담입니다. 자식에 대한 기대를 엄마의 도전으로 바꾸기로 했습니다. 엄마 자신을 위한 새로운 일을 시작했어요. 아이들에게 엄마의 조언은 잔소리입니다. 자식에 대한 잔소리를 엄마의 발전으로 바꾸기로 다짐했습니다. 끊임없이 노력하고 성장하는 엄마의 모습을 보여주기로 했지요. 처음 하는 엄마 노릇에 엄마도 성장통을 겪었음을…. 아이들과 함께 엄마도 성장하는 중입니다.

엄마는 읽고 있는 책을 삶에 적용하는 중입니다

직장 일과 집안일을 병행하다 보면 늘 몸도 마음도 바쁩니다. 하루가 짧기만 합니다. 제가 제일 중요하게 생각하고, 제일 하고 싶은 것이 독서입니다. 그러나 당장 처리해야 할 일들에 밀려 책 읽기는 항상 뒷전이었습니다. 새해가 되어 칭찬 편지와 더불어 내 마음 챙기기 프로젝트 '독서로 마음 풍요롭게 하기'를 다짐했습니다. 조금씩이라도 매일 꾸준히 책을 읽으려고 노력 중입니다.

책은 눈으로 읽은 내용을 가슴에 새기고 삶에 적용해야 내 것이 됩니다. 독서와 함께 아이들에게 편지를 썼습니다. 자연스럽게 책 내용을 편지 쓸 때 인용하게 되었습니다. 아이들이 엄마의 편지를 이해하기 쉽게 하기 위함이었지요. 엄마의 잔소리는 근거 없는 말이 아니라, 전문가들이 검증한 생활 방식에서 기인했다는 것을 알게 하고 싶었습니다.

고등학생 딸은 책 읽기를 좋아합니다. 그러나 독서 시간이 현저히 부족하지요. 편지를 매개로 엄마가 읽은 책 일부라도 나눌 수 있어서 기뻤답니다.

♡ 9사랑

엄마가 읽기 시작한 데일 카네기 『자기관리론』에 이런 문구가 나와.

"어제의 짐에 더해진 내일이라는 짐을 오늘 지고 가면 아무리 든든한 사람도 휘청거릴 수밖에 없습니다. 과거와 마찬가지로 미래도 차단하세요. 미래는 오늘입니다. 내일이란 없어요. 여러분이 구원받아야 할 날은 바로 지금입니다."

내일을 맞이하는 최선의 방법이 지성과 열정을 집중해 오늘 해야 할 일을 잘하는 데 있다고 강조하는 말이야. 수학 학원 일정이 잡히니 영어 학원 일정 조정하고, 수학 학원에서 긴 시간 공부하고, 친구 만나고, 국어 자료까지 받아온 우리 딸~ 오늘 해야 할 일 잘한 것 맞지?

지나간 일은 돌아보지 말고, 앞으로의 일 걱정만 하지 말고, 딱 오늘 하루만 충실히 살아내자! 사랑해~♡

♡ 16사랑

저녁을 먹고 온라인 수업을 바로 시작하는 장한 우리 딸~ 지금 힘든 시간 잘 참아내면 웃는 날 반드시 온다. 금방 온다. 데일 카네기 『자기관리론』 '피할 수 없는 일을 대하는 법'에 이렇게 나와 있어.

"주어진 환경 자체가 우리를 행복하게 하거나 불행하게 만들 수는 없다. 우리의 감정은 환경에 반응하는 방식, 즉 우리가 어떻게 반응하느냐에 달렸다.", "피할 수 없는 일이라면 받아들이라."

새 학년 반 편성도 지금 공부해야 하는 상황도 피할 수 없으니 받아들이자. 이미 잘하고 있지만…

오늘도 수고했어~ 사랑해~♡

♡ 28사랑

엄마가 요즘 너무 일과가 빡빡했나 보다. 잠을 계속 못 잤더니 눈이 빨갛게 충혈되었네. 엄마의 빨간 눈 한 번에 알아봐 주어서 고마워. 우리 딸 뛰어난 관찰력은 알아줘야 한다니까.

요즘 알람 소리를 너무 못 듣는다고, 내일 아침 엄마 출근할 때 깨워달라고 해서 고마워. 필요성은 느꼈으니, 실천만 남았다.

'하와이 대저택'의 『The mind』에 이렇게 나왔어.

"삶의 거의 모든 영역에서, 단 5%만이 무언가 해내겠다고 생각하고 마음먹은 다음, 마침내 그것을 해낸다."

그래서 실천하는 5%의 사람만 성공하는 것이래. 대부분 사람이 일찍 일어나기를 다짐하지. 그러나 실제로 일찍 일어나는 사람은 5%밖에 안 된다는 뜻이야. 내일은 우리 딸이 실천하는 5%가 되자!

♡ 14사랑

특별히 독립적인 우리 딸, 특별히 문제 해결력이 뛰어난 우리 딸, 특별히 계획적인 우리 딸~ 직장 다니는 엄마 신경 안 쓰이게 뭐든 혼자서도 척척 해내는 우리 딸~ 정말 많이 고마워! 엄마가 항상 딸을 믿고 든든하게 생각한다는 것 알고 있을까? 딸의 존재가 엄마에게는 제일 귀한 선물인데, 귀한 선물이 자기 주도적으로 성실히 생활하며 반짝반짝 빛나기까지 하니… 엄마는 얼마나 행복한 사람인가?

엄마가 책 읽다가 형광펜으로 표시한 문장, 딸에게 읽어보라고 했었잖아. 이 3개의 문장이었어.

"사람이 하루 종일 생각하는 것. 그것이 바로 그 사람이다."

"우리의 삶은 우리의 생각대로 만들어진다."

"당신이 생각하는 자신의 모습은 실제와 다르다."

위 세 문장에서 공통으로 들어간 핵심 낱말은 무엇일까요?

책 읽을 때 정독하게 되었습니다. 책 내용을 아이들 편지에 사용하게 될지도 모르니까요. 중요하다고 생각하는 문장은 꼭 형광펜으로 표시해 두었습니다. 아이들 칭찬 내용에 알맞은 문구라고 판단되면 적절히 활용했답니다. 책에서 읽은 좋은 문구를 편지에 옮겨 적으며 가슴에 새겼습니다. 아이들에게 책 내용처럼 살라고 하기 전에 엄마가 먼저 실천해야 했지요. 바른 생각을 하고 건강한 생활 태도를 유지하기 위해 노력했습니다.

엄마는 기록을 통해 아이들을 이해하는 중입니다

지금도 임신했을 때 썼던 태교 일기를 보면 참 신기합니다. 좋은 것만 먹고, 좋은 음악만 들었습니다. 임산부를 위한 문화센터에 가고, 임산부 요가를 했지요. 초음파 사진을 노트에 붙이고, 편지를 꼬박꼬박 썼습니다. 색깔도 화려한 그림을 그리고, 아기자기하게 꾸미기까지 했어요. 태교 일기를 보고 있으면 여러 가지 생각이 듭니다. '온전히 아기만을 생각하던 때도 있었구나. 건강하게만 태어나길 기도한 때도 있었구나. 내 시간을 오롯이 내가 계획하고 사용할 수 있었던 때도 있었구나.'

아이들 어렸을 때는 사진도 참 많이 찍었습니다. 매년 사진을 인화해 앨범을 만들고, 어떤 순간이었는지 사진마다 기록했습니다. 언제부터인가 아이들은 사진 찍기를 싫어했습니다. 저도 더 이상 '남는 건 사진밖에 없다.'라며, 한 장만 찍자고 사정하지 않았어요. 최근 몇 년간 저의 휴대전화 사진첩에는 우리 집 남매의 모습은 거의 없습니다. 우리 반 학생들 모습만 가득합니다.

매년 학급 아이들에게 1년 동안 활동했던 사진을 인화하여 개인 앨범을 만들어 선물합니다. 앨범을 만드는 선생님도 받아보는 학생도 추억 여행을 떠나지요. 그러나 몇 년 동안 사진을 찍지 않은 우리 집 아이들은 더 이상 엄마와 추억할 것이 없습니다.

이제 조매꾸 칭찬 편지를 쓰며 아이들을 기록합니다. 날마다 잘한 일을 편지에 남깁니다. 기록을 위해 일부러 칭찬거리를 찾습니다. 아이들과의 하루를 돌아보고, 아이들의 말과 행동을 되짚어 봅니다. 그리고 알게 되었습니다. 우리 아이들이 이렇게 칭찬받을 일을 많이 했다는 것을. 이렇게 열심히 살고 있었다는 것을. 엄마는 아이들을 이해하게 되었답니다. 앞으로도 장점 찾기만 하며 내 아이들을 칭찬으로 기록할 것입니다.

지금은 엄마 혼자 아이들을 칭찬하고 기록하고 이해하는 것으로 만족하려 합니다. 그러나 먼 훗날 엄마의 편지가 어른이 된 아이들에게 추억과 사랑의 선물이 되기를 간절히 바랍니다.

20년간 교사로서, 엄마로서 열심히 생활했습니다. 지금 하는 일이 '최고'는 아니어도 '최선'이기를 기도하며 후회 없이 살았습니다. 이제 새로운 '최선'을 시작했습니다. 내 아이들을 위해, 나를 위해, 우리 가정을 위해. 조매꾸 칭찬 편지는 사춘기 아이들과 살아가는 엄마가 지금 할 수 있는 '최선'의 노력입니다. 내 아이들을 칭찬하는 일에 지치지 않을 것입니다. 포기하지 않을 것입니다. 아이들에게도 저에게도 부담이 되지 않도록 사랑을 채워나갈 것입니다. 그러기 위해서는 '조금씩 매일 꾸준히'가 정답입니다. 손 편지에 담긴 조매꾸 엄마 사랑.

학급 아이들은 담임의 칭찬을 받아 자존감이 높아지고 발전합니다. 그 모습을 보며 교사로서 보람을 느낍니다. 엄마의 칭찬을 받아 자신을 사랑하고 다른 사람에게 베풀 줄 아는 내 아이들의 모습. 엄마로서 행복을 느낄 때까지 조매꾸 칭찬 편지를 계속해 나갈 것입니다. 이것이 교사 맘의 이중생활을 해결하는 최선입니다.

마더 테레사는 이런 말을 했습니다.

"얼마나 많이 주는가 하는 것은 중요한 것이 아닙니다. 작더라도 그 안에 얼마만큼 사랑과 정성이 깃들어 있는지가 중요합니다. 저는 결코 큰일을 하지 않습니다. 다만 작은 일을 큰 사랑으로 할 뿐입니다."

가난하고 병든 사람을 위해 평생 헌신한 마더 테레사의 노력과 엄마의 일상을 저울질할 수는 없겠지요. 그러나 내 자식을 향한 엄마의 사랑과 정성만큼은 마더 테레사와 다르지 않을 것입니다. 얼마나 많이 주는가는 중요하지 않습니다. 워킹맘으로서 큰 것을 많이 줄 여유는 없습니다. 저는 결코 큰일을 하지 않습니다. 칭찬 손 편지를 꾸준히 쓸 뿐입니다. 작은 실천, 그 안에 엄마의 사랑과 정성을 가득 담았습니다.

평행선상에 있는 사춘기 아이들의 마음과 엄마의 마음이 언제 만날지 알 수는 없습니다. 그러나 엄마는 오늘도 작은 일을 큰 사랑으로 조매꾸 실천합니다. 언젠가 엄마의 정성과 사랑이 곡선을 이루어 아이들의 마음에 도달하기를, 아이들의 마음과 엄마의 마음이 만나 원이 되는 순간이 찾아오기를 꿈꿔봅니다.

그리고 제 글이 사춘기 자녀와의 평행선상에 있는 부모들에게 작은 공감의 쉼표 하나 되기를 바랍니다.

♡ 1사랑

언제나 엄마편 든든한 우리 딸~♡

그렇게 엄마 속에 들어와 있는 것처럼 엄마 생각과 똑같던
우리 딸이 MBTI가 엄마와 정반대라고 확신할만큼 생각이
다르게 되었는지 너무나 유감스럽고 슬프지만...
글 읽는 것 만큼은 변함없이 좋아할 것이라 믿으며...
도저히 먹히지 않는 엄마의 잔소리일 수밖에 없는 '딸'
대신 글자로 문장으로 엄마 생각을 전해보려고 해.
우리 딸은 그냥 읽기만 해. 하루에 한 가지씩 엄마가 칭찬해
줄게. 오글거린다고 해도 엄마는 할 거야. 잘 생각해보면
이것이 우리 딸이 듣고싶은 소리야.

✱ 2024년 1월 22일 월요일 칭찬 ✱
손목 아픈 것 고쳐보려고 병원 가서 혼자 체외충격파 하고
온 것 아주 잘 했어. 어른도 참기 힘든 체외충격파 통증
참아내는 인내심 너무 멋져.
처음에 아픈 부위에 충격파하면 통증이 엄청 심해. 그런데
두번째, 세번째 회수를 거듭할수록 같은 부위라도
통증이 줄어들어. 아픈 부위 증상이 나아지고 있다는
뜻이지.
체외충격파가 꼭 인생같다는 생각이 들어. 우리 딸의
현재가 제일 처음 체외충격파의 충격과 통증이야. 첫번째
통증만 이겨버리면 그 다음은 점점 수월해져. 우리 딸
힘들고 아픈 마음이 점점 나아지고 있다는 뜻이겠지?
보통 고등학생이라면 아프다고 소리치며 체외충격파 포기했을거야.
그 고통 이겨번 우리 딸 참을성이면 이깟 인생 뭘 못하겠어?
이제 점점 수월해질텐데... 엄마가 항상 응원할게! 사랑해~♡

나를 위한, 타인을 위한 1%의 노력이 가져온 기적

장덕진

만 30살, 1993년생밖에 되지 않은 사람이 누군가에게 나를 표현하는 글을 쓴다는 것 자체가 상당히 조심스럽다는 생각이 듭니다. 그리고 사람들의 이목을 끌기 위해 이렇게 거창한 타이틀을 달아 스스로에게 민망하기도 합니다.

다만, 공직에 있는 많은 사람 중에 이러한 길을 걷고 있는 사람이 있음을 수기로서 작성해보며 앞으로 더 나아갈 일이 많은 선생님들, 그리고 이 책을 읽는 청년들에게 하나의 모델링 사례로 남기를 바라며, 또 개인적으로는 스스로 걸어온 길에 대해 회고하는 기회가 아닐까 생각하며 글을 남깁니다.

운칠기삼(운이 70%, 기운이 30%)

　　사람에게 있어서 인생에 영향을 끼치는 핵심적인 문구는 참 우연히 다가옵니다. 제가 평생을 살아오며 어떤 선택을 함에 있어 기준으로 삼는, 중대한 영향을 받은 말을 들은 경험을 공유하고자 합니다. 그 날은 내가 좋아하는 과목도 아니었고 기억에 남지도 않았던 그냥 어느 평범한 윤리 수업의 한 찰나였습니다.

　　그때 그 지루하던 윤리 수업 중 갑자기 내게 흥미를 이끌었던 말, 지금 생각해도 왜 그렇게 나에게 와닿았나 모르겠습니다. 윤리 선생님께서 하신 많은 철학자에 대한 강의는 지금 희미한 기억의 굴레 속 또는 내 해마의 어느 곳에 잠들어 있는 듯한데, 그분께서 하신 인생철학 같은 말은 제 마음을 흔들었고 지금까지 제가 일을 선택하는 기준으로 남았습니다.

"어떤 일을 할 때 한 가지 일을 하면 두 가지에서 써먹을 수 있는 중복적인 일을 해라."

어릴 때는 도대체 무슨 이야기를 하는지 모르겠지만 좋은 말이라고만 생각했습니다. 그러나 되돌아보면 대학교를 졸업하고 8년의 직장생활을 하며 저에게 정말 많은 기회를 준 것은 바로 이 말 한마디 덕분이었습니다.

한 가지 일을 했는데 여러 군데에서 써먹을 수 있다면 어떨까요? 윤리 선생님께서 말씀하신 두 가지에 써먹는 것을 넘어서서 세 가지에서 그리고 네 가지에서 써먹을 수 있다면 어떻게 될까요? 지금 제가 교직에서 만 30살에 가장 많은 상장, 표창장, 위촉장을 받을 수 있었던 비밀은 바로 여기에 있었습니다.

'장덕진'이 어떤 일을 하는지 물어보면 저를 잘 아시는 분들은 '안전교육'을 하는 사람, 또는 '데이터 교육'을 하는 사람이라고 이야기합니다. 하나씩 나열하기에는 한정된 지면으로 인해 어려우나 이쪽 분야에 있어서 정말 많은 일을 했고, 그에 대한 증표로서 [대한민국 안전대상]과 [대한민국 정보교육상], [대한민국 인재상]이라는 정부에서 인증한 '대한민국'이 붙은 가장 큰 규모의 상을 세 가지 수상했습니다.

제가 주로 하는 안전교육과 데이터 교육 영역의 공통점이 무엇일까요? 바로 하나의 일을 바탕으로 여러 기관에서, 그리고 여러 군데에서 써먹을 수 있다는 장점이 있습니다.

첫째, 안전교육은 교육부, 교육청, 학교는 물론 행정안전부, 소방청 등이 연관되어 있습니다. 더 나아가 안전교육을 제대로 공부하고 이를 바탕으로 무언가를 하려는 사람이 적었기에 안전교육과 관련된 중요한 자리에 계속 교원을 대표하여 참석할 수 있었습니다. 그리고 그것이 계속 쌓여 경력이 되었습니다. 첫 시작은 미약하지만 하나씩 하나씩 쌓아가니 어느덧 오랫동안 그 분야에서 활동하는 전문가가 되는 기묘한 경험을 하게 되었습니다.

저는 학생들과 안전교육을 하고 그 결과를 연구물로 만들고 표현하는 활동만 했을 뿐인데 여러 군데에서 써먹을 수 있는 근육이 되었습니다. 그리고 제가 이렇게 활동한 내용은 교육부 기관지인 행복한 교육의 2023년 8월호에도 교실 혁명 사례로 게재되어 널리 소개되었습니다. 경력이 얼마 되지 않다보니 방법론적이나 교육공학적 접근이 부족했으나 아이들과 열심히만 한 교사도 충분히 교실혁명 사례로 소개될 수 있었던 것의 비결은 바로 하나의 일을 중복해서 하되 남들보다 조금 더 열심히 하는 것이었습니다.

마찬가지로 두 번째 저를 표현하는 키워드는 바로 데이터 교육입니다. 교육부에서는 2019년 교육 빅데이터의 중요성을 강조하였으며, 학생들을 위해 교육 공공데이터 활용대회를 꾸준히 개최하는 등 데이터 교육의 중요성을 강조하고 있습니다. 한 번 생각해보면, '데이터'라는 영역은 과학기술정보통신부, 통계청 등도 함께 관심을 가지는 분야입니다. 앞선 안전교육의 사례와 마찬가지로 저는 학교에서 아이들과 데이터 교육을 하고 사례를 쌓아서 사람들에게 널리 알렸을 뿐인데 다시 여러 기관에서 기회를 받고 활용할 수 있는 사람이 되었습니다.

제가 어떤 인생의 비밀을 알았던 것도 아니고 처음부터 윤리 선생님의 저 말씀을 실천했던 것은 아니었습니다. 그런데 살다보니, 남들이 걸어가지 않은 길에서 윤리 선생님의 말씀을 실천하고 있었고, 여러 분야에서 다양하게 활동하는 현재의 저를 마주할 수 있었습니다.

이처럼 여러 군데에 적용할 수 있는 한 가지의 강점을 계속해서 꾸준히 배양하고 있다 보면 언젠가 기회가 온다고 이야기하고 싶습니다. 물론 제 개인적 생각은 인생에 있어 기회를 얻는 것은 운이 70%라 생각합니다. 예를 들어, 아직 만 30살 밖에 되지 않은 현장 교원이 교육부에 파견으로 들어올 수 있었다는 점은 아주 우연히 2024년에 교육부에 '청년교사리더'라는 제도가 신설되었기 때문입니다.

아무리 내가 준비되었다 하더라도 이러한 제도가 마련되어 있지 않았다면 교육부에서 기회를 받을 일은 없었을 것입니다. 그렇기에 인생이 생각대로 잘 풀리는 사람도, 그리고 혹은 노력 대비 좋은 결과를 얻지 못한 경우 모두 그 개인의 노력도 작용하나, 운이 매우 크게 작용함에 따라 나타나는 현상이라 저는 생각을 하고 있습니다. 내가 얻은 수많은 기회와 자리들 그리고 실력은 어쩌면 '시대의 흐름'에 잘 편승했을 뿐이라는 생각이 들기도 합니다.

사회에는 나보다 똑똑하고 열심히 사는 사람들이 정말 많습니다. 비단 좁은 사회인 학교만 보아도 나보다 더 수업을 잘하는 선생님은 무수히 많고, 학생들을 더 사랑하는 선생님들도 많기 때문입니다. 그렇다면 지금부터 어떻게 제가 운을 나에게 끌어당길 수 있었는지 어떻게 이렇게 많은 기회를 받을 수 있는 사람이 되었는지를 자전적 이야기라 부끄럽지만 나누어보고자 합니다.

"나를 위한, 타인을 위한 1%의 노력이 제게 운으로 작용했고 기적을 만들었습니다."

이렇게 글로 평생 남는 도서에 부끄러운 과거를 써도 될지 모르겠으나, 제 운의 시작에 대해서 적고 나누어보면 이 책을 읽으시는 분들도 힘을 얻게 되지 않을까 생각합니다.

2019년, 모든 것이 시작한 해였습니다. 지금의 장덕진이라는 사람이 세상에 주목받을 수 있도록 한 기초 근육이 쌓인 해인데 개인적으로는 정말 힘들었던 해였습니다. 6학년 담임교사로서 당시 학생을 대하기가 매우 어려웠습니다. 제대로 수업하기 위한 분위기 형성이 되지 않았습니다. 같은 학년의 모 학급은 선생님의 교체가 계속 일어날 정도로 학년 내 분위기가 안정되지 않은 상태였습니다. 지금은 능수능란하게 학급 운영이나 학부모님을 상대할 수 있었으나 당시 얼마 되지 않은 경력의 저로서는 대응이 매우 어려웠습니다.

그래서 정말 힘들었습니다. 당시에 만나던 전 여자친구는 매번 퇴근 후 지쳐서 힘들다고 하소연하며 술로서 이 고통을 잊으며 악순환에 반복을 겪는 저에게 그렇게 힘들고 스트레스 심각하게 받으면 그냥 교사를 그만두라고, 월급 200만원 받으며 왜 버티고 있냐고 이야기할 정도였습니다. 이러다가 사람이 죽겠다고 걱정해주었는데, '대문자 T'인 저는 "200만원 아니고 208만원"이라며 농으로 받아치는 것 외에는 할 수 있는 것이 아무것도 없었습니다.

학급의 상황을 개선할 방법이 없었고 그저 시간이 지나가기를 기도할 뿐이었습니다. 이러한 부정적 생각이 계속되다 보니 학교의 구조에 대해 환멸이 느껴지기 시작했습니다. 왜 내 에너지를 어긋난 행동을 하는 학생에게 쏟아야 하는지, 진짜 착한 아이들은 왜 손해를 보는 구조인지 어긋난 행동을 하는 그러한 친구들을 배제할 수 있는 권한도,

방법도 하나 없는 교사의 무력함에 대해 지쳐갔습니다. 선생님도 그러한데 착한 아이들은 오죽하겠냐며 항상 착한 사람이 참아야하는 구조에 대한 불만이 점차 높아지고 있었습니다.

그래서 돌파구로 시작한 것이 바로 착한 아이들을 별도로 방과후에 지도해주거나 틈틈이 가외 지도를 해주는 것이었습니다. 각종 대회나 특별한 기회가 있으면 그 아이들을 남겨서 보충 지도를 해주고 더 좋은 교육 기회를 주면서 저는 교사로서의 효능감을 되찾고, 동시에 그 아이들이 공교육에서 교육을 제대로 받을 수 있도록 해주고 싶었습니다.

당시에 저는 어떤 걸 해주면 좋을지 몰라, 문서등록대장을 뒤지다 찾은 것이 '한국과학창의재단의 GLOBE'라는 과학탐구 프로젝트였고, 교육부 홈페이지에 가면 어떤 게 있을까 해서 웹 서핑을 하다 발견한 공문이 '교육부 제1회 교육공공데이터 활용대회'였습니다.

정말 우연한 시작이었지요? 이러한 미약한 시작이 저를 여기까지 데리고 왔으며 그저 아이들에게 잘해주겠다는 그 마음으로 조금씩 꾸준히 한 것들이 어느덧 초중고 통합대회인 교육부 교육공공데이터 활용대회를 5년 연속 수상 지도한 것으로 연결되어 데이터 교육 전문가라고 불리게 되었습니다(물론 그 외에도 전국학생통계활용대회 및 다양한 활동이 많았으나, 첫 시작은 우연이었습니다).

그 후 2020년도는 전 세계적으로 감염병 상황으로 인한 비극적 상황이 이어졌으나 저를 비롯한 에듀테크에 능숙한 교사들은 어쩌면 빛을 본 시기가 아니었나 생각합니다. 저는 정말 우연과 우연이 겹쳐서 기회를 많이 얻은 경우였는데, 2019년도에 학생들을 지도할 때 조금 더 학생들이 보고서를 잘 만들고 편집을 잘했으면 하는 마음에서 다른 그룹보다 1% 정도 더 나아보이기 위해서 Google Workspace for eduation (구. G-suite for education)을 영어 버전으로 끙끙되며 구축하고 가르쳤었는데, 코로나19 상황을 맞이하면서 우연히 또 Google 교육과 관련된 기회를 많이 받게 되었습니다. 구글 교육과 관련된 번역교재 작업에 우연히 평택에 계셨던 박종필 수석 선생님 덕분에 참여할 수 있었습니다. 또한, 이 내용을 전국 단위로 강의하러 다니게 되면서 많은 인지도를 쌓을 수 있었습니다. 최종적으로는 전 세계 20여 명에 불과한 한국인 구글 공인 교육혁신가까지로 연결되었습니다.

지난 5년의 세월 동안 개인 돈을 써가며 방과 후, 저녁, 주말 가릴 것 없이 밤낮으로 아이들을 열심히 한 사실은 맞지만, 결국 우연과 우연이 겹쳐 좋은 결과로 이어졌습니다.

제가 나 자신을 위해서, 그리고 내가 좋아하는 사람들, 학생들을 위해 1% 더 꾸준히 노력했던 점이 어느 순간 나에게로 돌아옴을 인식할 수 있었습니다. 이 책을 읽으시는 분들도 조금씩 꾸준히 해나간다면

언젠가 제가 얻은 우연과 같은 일들이 인연처럼 다가오지 않을까 생각
합니다.

조매꾸의 기본 원칙: 본업에 충실하기

    교육부 청년교사리더를 지원하기 전, 많은 분에게 자문받고 의견을 들었습니다. 찬성도 절반, 반대도 절반이었는데 결국 제 자유의지로 한 번 교육부의 입장에서 그들의 생각과 행동을 제대로 이해한 후 교육 현장으로 다시 돌아와 선생님들과의 다리를 연결하는 역할을 하겠다는 마음으로 1년간의 긴 여행을 출발했습니다.

    제 의지를 돌리진 못했지만 제 머릿속에 가장 오랫동안 남았던 반대의 문구가 있었습니다. 저를 실제로 알지는 못하고 온라인에서 알던 다른 지역 장학사님이신데 본인이 지금까지 온라인에서 본 저는 '학생과 함께할 때 가장 빛나던 선생님'이었다며, 학생들과 함께 남기를 권하시며 해주신 말씀이 있었습니다.

    장학사님의 말씀을 듣고 내가 어떻게 세상 속에 인식이 되고 있는지, 그리고 왜 많은 기회를 받을 수 있었는지를 다시 되새길 수 있었으며, 스스로와 대화를 나누다보니 결국 교사는 아이들과 매일 꾸준히 함께하는 것이 '답'이라는 결론에 도달하였습니다. 학생들과 함께하지 않는 교사는 결국 어느 순간 한계에 도달하고 학생과 조금씩 꾸준히 열심히 한 교사는 언젠가 빛을 보게 되는 것 같습니다. 예시를 한 번 요즘 핫한 디지털 교육 분야로 들어보도록 하겠습니다.

"자기 사례는 없고 정책이해나, 시행착오도 없는 인간 튜토리얼이 이 판을 망치고 있다."

디지털 분야와 에듀테크 정책과 관련된 자금이 많이 들어오니, 자연스레 이쪽 분야에 접근하고자 하는 선생님이 많아지셨습니다. 그러다보면 이 분야로 활동하시는 여러 선생님과 대화를 나눌 기회가 생기는데 그때마다 여러 문제를 발견하게 됩니다. 이걸 왜 하는지에 대한 정책적 이해는 논외로 하더라도 굳이 이걸 왜 학급 아이들에게 적용했는지에 대해서 별다른 반성적 사고를 하지 않는 분들도 있습니다. 차라리 이러한 분들은 오히려 양반이라고 볼 수도 있는데 사례가 아예 없는데도 교사 사이에서 명강사로, 인플루언서로서 활동하는 분들도 있어 디지털 분야가 주변의 비난을 받는 분야로 변해가진 않을까 우려가 되기도 합니다. 자기 아이들과 하지 않았고 시행착오에 대한 인사이트도 없으나, 기능 설명 위주의 인간 튜토리얼들이 강사로서 활동하는 점을 지적하는 이야기들이 우려의 목소리로 나오고 있습니다.

결국 선생님이 빛나는 건 '아이들'과 함께 했기 때문이라고 생각합니다. 제가 우연히 이렇게 많은 기회를 받을 수 있었던 것도 어쩌면 아이들과 함께한 사례가 많았기 때문은 아닐까요? 아이들과 방과후, 주말에 함께 나가 탐구하고 사비로 간식을 먹여가며 했던 그 소중한 추억의 시간들, 그 노력들을 세상이 좋게 봐준 것은 아닐까 생각해봅니다.

교사가 새롭고 더 많은 경험을 하기 위해 갖추어야 할 부분이 역설적으로 본업에 충실해야 한다는 점처럼 모든 직무에 계신 분들 역시 마찬가지라는 생각이 듭니다. 저에게 있어 교육청에서 많은 기회를 받는 방법과 기업들이 서로 일을 하자고 연락이 오는 이유가 무엇인지에 대해 팁을 얻고자 하는 분들이 많습니다. 저는 누군가 저에게 이러한 질문을 한다면 저의 경험을 바탕으로 답을 해줍니다. 바로 '본업'에 충실해야 한다고요.

이 책을 읽으시는 독자 중에는 여러 외부활동에 도전해보고 싶은 선생님도 계실 것이고 혹은 일반인 중 여러 가지 재능을 살려 부업을 하고 싶으신 분도 계실 겁니다. 저보다 물론 더 대단하신 분들도 있으시지만 내 본업과 관련된 새로운 협업 기회가 발생하는 법에 대한 팁은 한 가지입니다.

본업에서 지금보다 내 주변에게 1% 정도 더 잘하기 위해, 남들을 위해 노력하면 다양한 기회가 찾아올 것이라 생각합니다.

1% 더 꾸준히 타인을 위해 노력한다는 게 무슨 의미일까요? 학교를 기준으로 한 번 생각해보겠습니다.

첫째, 수업과 업무에 매우 충실히 해야 한다는 점입니다. 사실 모든 복무기관장께서는 본업에 집중할 것으로 원하고, 외부에 나가 일하는 것에 대해 선호하지 않으십니다. 요즘에는 과거에 비해 외부활동에 대한 인식이 많이 긍정적으로 바뀌었다고 하더라도 본업에 있어 소홀한 데, 학교 업무로 파생된 것이 아닌 바깥 활동을 하겠다고 한다면 이를 허가해주기는 어려울 것입니다. 주변을 보면 당연한 듯이 학교에서는 일을 최대한 적게 하고, 바깥에 에너지를 쏟는 것이 정답인 것으로 이야기하시는 분들이 많으나 내부의 적들이 나타나진 않을까 우려가 있습니다. 저는 외부 활동의 기준을 가급적 본업에서 파생하여 확대하는 것을 추천하며 혹은 학생과 함께한 것을 기반으로 강의하는 것을 원칙으로 하고 있습니다.

다음 표는 제가 학교에서 업무부장으로서 가외적으로 2020년도와 2023년도에 학교에서 추가 운영한 공모 사업내역입니다(2021년도와 2022년도에는 교육청 파견으로 일하며 야간과 주말에 학생지도를 별도로 하였습니다).

제가 많은 외부 활동으로 짧은 시간 안에 100여 장에 가까운 상

2020년도	2023년도
• SW선도학교 운영	• 미래형 교과서 선도학교 운영
• ICT미래인재 지원사업 운영	• 디지털 창의 역량 실천학교 운영
• 경기꿈의학교 운영	• 디지털 튜터 선도학교 운영
• 과학실험실안전모델학교 운영	• 로봇산업진흥원 로봇창의교실 운영학교
• 어린이제품안전모델학교 운영	• 한국과학창의재단 사다리프로젝트(과학)운영
• 7대안전기자재 운영교 운영	• 행정안전부 어린이 재난대피훈련 운영
• 미래에너지학교 운영	• 학교안전공제중앙회 안전매핑동아리 운영
• 무선인프라구축사업교 선정 운영	• 자체 데이터(통계) 동아리 운영
• 미래클 선도학교 운영	• 자체 SW/AI 동아리 운영
• 외국어교육내실화 사업 운영	• 자체 하인슈타인 프로젝트 운영
• 원격교육선도학교 운영	• 디지털새싹캠프 방학 중 6회 유치 운영
• 자체 과학동아리 운영	
• 자체 SW교육동아리 운영	

장과 표창장, 위촉장을 받을 수 있었던 이유 중 하나는 학교를 위해 일을 성실하게 했기에 내부의 지지와 격려를 받았던 것이 크게 작용했습니다.

물론 학급 운영하며 가외로 이런 다양한 일을 기획하고 운영하는 건 밤과 주말 시간을 헌납해야 해서 젊은 시절이 아니면 어렵겠다는 생각이 들지만, 이런 학교 내에서의 프로젝트 운영 경험이 쌓여 내 실력이 되는 선순환이 이루어졌습니다. 특히, 저는 이러한 활동들을 돈을 벌겠다는 목적이 아니라 아이들을 위해 기회를 만들어준다는 측면에서 접근하였는데 이것이 주효하였습니다. 예를 들어 디지털 새싹 캠프도 저는 강사비를 전혀 받지 않고 타 강사님들을 위촉하여 운영하였습니다. 순수한 목적으로 학생들을 위해 운영하였기에 학생과 학부모님에게 좋은 인상과 더불어 주변 선생님들의 지지를 얻을 수 있었습니다. 이러한 모습들이 쌓여 여러 군데에서 많은 기회를 별도로 또 주신 게 아닐까 생각합니다.

또한, 제가 빛을 볼 수 있었던 이유는 다른 선생님과 대비하여 학생을 가외로 지도한 내역들이 많았기 때문입니다. 물론 교사는 자기 학생들을 잘 가르치는 것이 우선이며, 상을 받는 것이 잘하는 교사라는 의미는 아니지만 그래도 한 분야에서 성실하게 했다는 증빙은 될 수 있다고 생각합니다. 저는 논문은 12편 정도를 가지고 있지만, 아직 개인 승진을 위한 연구대회는 나가지 않고, 학생 대회만 나가고 있습니다.

그 이유는 제가 지금 교사 대회에 나가 교육부장관상 하나를 더 받는다고 제 인생은 엄청난 변화를 맞이하진 않을 것입니다. 그러나 초등학생을 지도한다면 그 학생은 하나의 완결된 프로젝트 수행 경험을 가질 수 있습니다. 그리고 만약 우연히 큰 상을 받게 된다면 이 학생의 인생에 있어서 큰 전환점이자 새로운 이정표가 되는 지점이 될 수 있다고 생각합니다.

이러한 생각을 바탕으로 타인을 위해 매일 꾸준히 1% 더 노력했기 때문에 그들을 위한 진심 어린 마음이 돌고 돌아 결국 저에게도 좋은 결과로 왔으며, 지금의 저를 이루어내는 힘으로 작용하지 않았나 생각합니다.

학생들을 위해 매일 조금씩 꾸준한 마음을 씨앗으로 뿌렸던, 타인을 위해 1%씩 더해간 노력이 저에게 다시 돌아온 사례를 하나 나누고자 합니다.

제게 지금도 연락오는 한 우수한 학생에 대한 이야기를 하고자 합니다. 저보다 더 대단한 청출어람의 학생으로 얼마 전 과학고 진학을 위해 초등학교 선생님이었던 저에게 추천서를 부탁한 학생입니다. 누군가가 저에게 "선생님의 가장 대표적인 활동은 무엇인가요?"라고 묻는다면, 저는 당당하게 하나의 사진을 꺼내서 보여줍니다. 이 사진 속에는 제 모습은 없고 제가 조금씩 매일 꾸준히 지도했던 한 명의 여학생이 나옵니다.

2021년 SW · AI 교육페스티벌에서 과학기술정보통신부장관님과 교육부차관님 사이에 서서 오프닝 세리머니를 하는 학생이 바로 우리 학교 전교 회장이자 동아리 회장이었던 친구입니다. 이 학생은 사교육 하나 없이 자기주도적으로 공부하는 학생으로 학급과 동아리 활동만으로 저와 2년 동안 장관상을 7개나 받은 미래의 이공계 인재입니다.

처음 동아리 내용으로 발표를 나갔을 때 이 학생이 했었던 질의응답 내용이 떠오릅니다. 동아리 활동 주제는 어떻게 선정하게 되었는지 묻는 심사위원의 질문에 이 학생은 적잖이 당황하였나봅니다. "선생님이 이 분야를 해보자고 알려주셨습니다."라는 답변을 하고 주변 모두를 웃음짓게, 그리고 본인은 당황한 나머지 엉엉 울었다는 후일담이 있습니다.

그런데 웬걸, 매일 방과후에 남아 동아리 활동에 참여하고 집에서도 스스로 탐색하다 보니 어느덧 동생을 위해 소프트웨어 프로그램을 만들기도 하고 프로젝트를 완결하여 여러 가지 산출물들을 생성해내 주변을 놀라게 만들었습니다. 평택시에 최초로 과학 분야로 학생 장학금을 받고 국회에서 주는 4차산업혁명 인재로 선정(중학교 전국 2명 중 1명)되었습니다.

지금 생각해보면 우리 삶의 비결은 이 학생에게 있었는지 모르겠습니다. 매일 꾸준히 하는 모습이 처음 질의응답에서 당황해서 울었던 학생을 과학고에 자율적으로 도전하는 학생으로 바꾸었습니다. 어려움을 겪고 좌절하더라도 매일 꾸준히 해서 나아가는 모습이 정답인데 나이가 들면 왜 그렇게 다들 영리해져서 빠르고 쉽게 포기해버리는지 인생의 정답은 어쩌면 아이들에게서 찾고 배워야 하지 않을까 생각합니다.

다시 주제로 돌아와, 저는 이 학생을 위해 정말 진심을 다했고 저 자신보다도 더 발전하기를 기원하며 매일 매일 최선의 지도와 격려를 아끼지 않았습니다. 이 학생이 매일 성장하기를 진심으로 바라며 한 발자국, 한 발자국 내딛는 것을 도왔습니다.

그 결과 이 학생은 2021년도에 전국에서 가장 빛나는 위치에 설 수 있었고 저 역시도 그에 따라서 2022년도에 대한민국 정보교육상을 수상하고 다양한 기회를 얻을 수 있었습니다.

결론적으로, 내가 가진 것을 학생을 위해 나누어 주었고, 그 학생을 위해 조금씩 매일 꾸준히 1%씩 노력한 결과로 학생이 빛을 발휘할 수 있었습니다. 그리고 그 결과의 빛을 받아 저 역시도 세상에서 더 많은 기회를 받을 수 있게 되었습니다. 그리고 받은 기회를 살려 그 자리에서도 열심히 수행한 결과 표창, 수상, 위촉 등의 또 다른 기회를 얻는 선순환이 이루어졌습니다.

바로 이것이, "어떻게 나는 만 30세 교사 중 가장 많은 상장을 보유한 교사가 되었는가? 그리고 교육부 청년교사리더가 되었는가?"에 대한 답이 아닐까 생각합니다.

나를 위한, 타인을 위한 1%의 조금씩 매일 꾸준한 노력이 가져온 기적을 여러분과 함께 하고 싶습니다.

조금씩 매일 꾸준히

　　지금까지 제가 이야기한 저의 사례를 요약하자면, 결국 조금씩 매일 꾸준히 나를 가꾸어간다면, 특히 타인을 위해서 헌신해서 지원한다면 언젠가는 사람들이 알아주기 마련이라는 점입니다. 물론, 다른 사람이 내 노력에 대해 알아보는 시기는 운의 요소가 큰 것 같다는 점은 빼놓을 수 없지만요.

　　저는 운이 좋아서 흐름을 잘탔을 뿐으로, 우연찮게 시작한 분야를 꾸준히 했다는 것 단 하나만으로 해당 분야에서 활동을 지속한 전문가로 여겨져 빠르게 기회를 받았습니다(다만, 그렇기에 아직 내실이 부족하고 채움이 필요한 부분이 많아서 더 공부하고 더 익혀야 한다는 생각을 계속하고 있습니다). 그렇기에 누구나 매일 꾸준히 한다면, 좋은 기회를 언젠가 한 번씩 받을 수 있다고 생각합니다. 아주 우연한 만남처럼 다가올 수도 있고, 아니면 저처럼 막연히 시작했는데 그게 흐름의 초입이었던 행운을 마주할 수도 있을 것입니다.

부끄러운 제 과거에서 살펴볼 수 있듯, 저 역시도 정말 힘들었던 시절이 있었습니다. 그로 인해 교직에 대한 회의감은 물론이며 그만두고자 생각했던 적도 존재했던 평범한 교사였습니다. 지금은 뭐라도 된 것처럼 거창하게 이런저런 사례를 풀면서 이야기하고 내가 마치 성공한 사례인 것처럼 이렇게 글도 쓰고 있으나 참 조심스럽고 우습게 보이진 않을까 생각도 듭니다.

현재의 내가 있기까지 도와주신 많은 분, 그리고 제가 피해 끼친 선생님들과 상처를 준 학생에 대한 미안한 감정도 떠오릅니다. 한편으로는 5~6년 전 과거의 제 상황으로 다시 돌아가면 과연 나는 어떤 선택을 할지, 그리고 그때의 나는 도대체 왜 그런 의사결정을 했는지도 물어보고 싶습니다.

정말 그 당시를 회상하면 문제를 해소할 수 있는 길이 전혀 보이지 않고 어둠 속에 갇혀서 매일 알코올의 힘을 잠시 빌려 건강하지 못하게 스트레스를 해소했습니다. 그냥 눈을 감고 하루가 지나가기를 기다리는 방법을 택했는데 그런 칠흑 같던 어둠을 생각해보면 지금의 나의 모습이 전혀 연결되지 않습니다. 힘들었던 시절, 방향을 모르지만 조금씩 나아가려던 매일 매일의 몸부림이 나를 긍정적인 방향으로 나아갈 수 있도록 그 길을 인도해준 것은 아니었을까요? 답은 모르지만 그저 매일 나아지려고 꾸준히 한 그 행동들이 현재의 결과로 연결되었을 거라 저는 생각합니다.

지나고 나니 어쩌면 내 몸부림은 조금씩 매일 꾸준히 나아가고자 하는 발버둥이었고, 한 번의 성공 경험과 학생의 성장을 보고, 효능감을 느낀 교사는 학생에 대한 진심을 바탕으로 조금씩 매일 나아가는 힘을 얻지 않았나 생각합니다. 그리고 시간의 힘에 따라 100장에 가까운 상장, 위촉장, 표창장으로 성과가 쌓여 돌아오고, 지금의 나로서 존재할 수 있도록 해주었습니다.

조금씩 매일 꾸준히, '조매꾸'라는 용어를 유행시킨 김병수 선생님을 처음 뵈었을 때는 신기했습니다. 정부서울청사에서 부총리 겸 교육부장관님의 함께차담회에 참석해주셔서 우연히 마주친 선생님께서 '조매꾸'라는 모션을 취하며 함께 해줄 것을 요청하셨을 때가 생각납니다. '조매꾸'가 무엇인가 싶으면서도 너무나도 민망함에 그리고 정말 열정 넘치시는 분이라는 생각에 성향상 조용함을 선호하는 저로서는 당황스럽기도 했습니다. 그런데 어느덧 시간이 지나면서 곰곰이 생각해보니 삶에 대한 일종의 '확언' 효과가 있음을 느낄 수 있었고 '조금씩 매일 꾸준히'라고 하는 아주 간단하면서도 당연한 인생 법칙에 대해 다시 고민하는 시간을 가질 수 있었습니다. 우리는 어릴 때부터 '티끌 모아 태산'

이라는 속담이나, '습관의 힘'과 같은 관용적 표현에 대해서 많이 들어 왔습니다. 그러나 이러한 익숙함과는 반대로 내 삶에 적용하기는 쉽지 않았었는데 어둠을 지나 빛을 향해 나아가고 열심히 살아가며 내 삶을 소중히 여기게 된 현재를 돌이켜보니 그 속담과 관용어를 존재화한 생활양식을 표현하는 단어가 '조금씩 매일 꾸준히'가 아닌가 싶습니다.

이 용어에 대해 긍정적으로 또는 부정적으로 인식하는 것은 개인의 성향 차이와 익숙도의 차이에 따라 다르다고 생각합니다. 하지만 단어가 가지고 있는 그 의미와 생활의 양식은 분명히 우리가 앞이 보이지 않거나 막연히 먼 목표가 보일 때 가져야 할 하나의 지침으로서 큰 의미가 있다고 생각합니다. 조금씩 매일 꾸준히 하는 삶을 함께 살면 좋을 것 같습니다. 그리고 이때 나 혼자서 조금씩 매일 꾸준히의 실천이 어렵다면 저처럼 타인을 위한 매일 1% 더 도와주겠다는 조매꾸의 손길을 뻗으면, 그것이 결국 나에게로 다시 돌아오는 경험을 할 수 있게 될 것입니다. 나를 위한, 타인을 위한 매일 1% 더 나아가는 노력을 한 번 실천해보는 건 어떨까요?

제 꿈과 미래

저도 마치 나름의 답을 내린 것처럼 이야기하고 있으나 여전히 제 인생의 답을 모르겠습니다. 그저 조금 매일 꾸준히 하루 1%씩 나아가며 또 다른 기적을 기다리고 있습니다. 요즘 주변 사람들을 만나다 보면 진로에 대해 고민이 없는 사람을 찾기가 어렵습니다. 그래서 때로는 친구들과 진로 교육이 참 중요하다는 말과 함께 우리도 아직 우리 진로를 잘 모르는데, 감히 아이들의 진로에 대해서 왈가왈부할 수 있겠냐는 이야기도 자조적으로 하곤 합니다.

30대가 되니 '목적의 난민'이라는 용어가 참 많이 들립니다. 30대가 되어서 어떤 목적을 향해 나아갈지에 대해 고민이 생기고 이렇게 고민에 고민을 더하다 보니 어느덧 나이가 들어버렸다는 웃기며 슬픈 결론에 도달한 사람들이 많다고 합니다. 30대에는 가족을 선택하여 행복한 가족을 꾸려서 행복한 가정을 만들어 사는 것이 인생의 꿈인 사람이 있을 것이고, 커리어적인 부분에서 엄청난 성과를 거두어서 자신의 이름을 세상에 떨치고 싶은 사람이 있을 것입니다. 혹은 사업적인 부분을 탐색하여 많은 돈을 버는 것도 하나의 선택지가 될 수 있으리라 생각합니다.

그런데 저는 참 욕심쟁이인 것이 이 모든 것을 잘하고 싶고 뭐 하나 놓치고 싶지 않다고 제 마음이 저에게 속삭이고 있습니다. 참 문제이지요? 그리고 아직은 사실 가정이나 자산적인 부분보다 공부에 더 많은 시간을 쏟고 더 많이 배우고 더 많은 사람을 만나는 것에 목이 말라 있습니다. 주변 사람들은 아직 철이 없다고 하지만 철이 들기 전에 조금씩 매일 꾸준히 누군가를 만나고 새로운 걸 배워보려 합니다.

어린 시절에는 꿈을 크게 가지는 것이 미덕으로 여겨졌습니다. 대통령이 되겠다느니 우주비행사가 될 거야 등 거창한 꿈을 말하지 않으면 마치 꿈이 없는 사람인 것처럼 여겨지곤 했습니다. 그런데 나이가 들어가며 점점 현실에 순응하고 취업 세계의 냉혹함과 자본주의의 현실 앞에선 나도 그저 평범한 한 명의 직장인이 되었습니다. 그렇게 직장인으로 또 살다보니 도달한 결론은 겉보기의 일보다 자기효능감을 찾아서 내가 하고 싶은 일을 하는 것이 내 삶에 있어 최선임을 발견하게 되었습니다.

물론 저는 여러 가지를 하기에 제약이 있는 공무원 신분의 교사입니다. 다만, 현재 교사라는 것은 직업일 뿐이며 꿈의 발로는 아니라 생각합니다. 고요한 곳으로 떠난 어느 날, 저는 제가 앞으로 과연 무엇을 진짜 하고 싶은지를 스스로에게 묻고 진지하게 고민해보았습니다. 그 결과 남은 일생을 우리나라 안전교육의 과학화를 위해 힘쏟아 보고 싶다는 결론에 도달하게 되었습니다.

우리나라에 많은 기관, 단체, 선생님들이 안전교육을 위해 헌신하고 계시는데 저는 기존의 당위성 기반의 안전교육을 과학화하고 국내의 실정에 맞게 함께 만들어가고 싶습니다. 현재 우리나라의 대부분 화재 소방 관련 공식은 미국의 기준을 따르거나 같은 아시아권이며 재난 선진국인 일본의 수치를 차용하는 경우가 많습니다. 그러다 보니 한국의 실정에 맞지 않는 부분이 종종 존재하고 있는데 안전교육 분야에서 현장 연구자로서 다양한 연구를 수행하며 여러 정보를 제공하는 사람으로 발전하고 싶다는 생각이 현재로서는 가장 저의 꿈에 가까운 일입니다.

현재 저는 아직 낮은 수준의 논문밖에 쓰지 못하고 있지만 조금씩 매일 꾸준히 하다 보면 세계적인 학술지에 게재를 할 수 있을 것이고 온 세상 사람들에게 한국 안전교육의 우수성을 널리 알려줄 수 있지 않을까 하는 생각으로 교육부에서 학교로 돌아온 후 열심히 공부와 연구를 해보려고 합니다. 지금도 재난대피훈련과 관련해서 조금 더 체계적으로 평가할 수 있도록 하는 방안으로 어떤 것들을 현장에 제공할 수 있을지 평가도구 개발을 고민하고 있는데 향후 안전교육과 관련하여 저의 이름이 더 자주 보일 수 있도록 노력해야 할 것 같습니다. 하루하루 1%씩 나아가다보면 어느덧 내가 원하는 지점에 도달해있겠지요?

제 글을 읽으신 독자분들도 연령대에 따라서 꿈과 미래에 대해 많은 고민이 있을 것으로 생각합니다. 사람 사는 것은 모두 다 똑같지 않을까 생각합니다. 누구나 고민하고, 내적 갈등하는 것. 모두 똑같은 사람인지라 저도 항상 고민을 매일 저녁 합니다. 다만, 고민만 해서는 해결이 되지 않습니다.

내가 나의 길을 선택했으면 그저 꾸준히 조금씩 해나가는 방법이 최선이라 생각합니다. 운동도 얼마나 효율적으로 하느냐 보다, 우선은 일단 밖에 나가서 뛰는 게 더 중요한 것처럼요. 뛰지 않는데 몸의 변화에 대한 효율을 따질 수 없는 것과 마찬가지 아닐까요?

저도 앞으로 얼마나 바뀔지 모르지만 제 꿈을 위해 일단은 무엇이라도 하면서 꾸준히 나아가고자 합니다. 지금보다 매일 1%씩 더 노력하겠습니다. 우리 모두 서로의 꿈과 미래를 위해 조금씩 매일 꾸준히 함께하기를 기원합니다.

풍요로운 삶을 위한
독서 모임

어성진

책이 이끄는 삶

　　독서의 유익은 누구나 알고 있습니다. 그래도 쉽사리 손에 잡히지 않는 것이 독서입니다. 2023년 우리나라 성인의 연간 종합 독서량은 3.9권이고, 종합 독서율은 43%로 10명 중 6명 정도는 1년 동안 책을 단 한 권도 읽지 않는다고 합니다. 저 역시도 책과 친구가 되고 싶고, 책을 늘 가까이 하고 싶었습니다. 책을 사서 몇 번 읽다가 덮기도 하고, 가끔은 책을 다 읽어도 무슨 내용인지 모를 때가 많았습니다. 잠시 잠깐 책을 읽어도 꾸준히 읽지 못했고, 삶의 변화는 없었습니다. 때로는 독서는 나랑 맞지 않는다는 핑계를 대며 멀리하기도 했습니다.

　　어느 날 선배 선생님께서 교사 독서 모임에 들어오라고 권유해 주셨습니다. 독서 모임이 별 볼 일 있겠어? 각자 책 읽는 것과 무슨 차이가 있을까 싶었습니다. 그런데 독서 모임을 하면서 제 삶이 변하기 시작했습니다. 혼자 읽었을 때는 완독도 어려웠는데, 함께 선생님들과 책을 읽으니 책임감 때문이라도 책을 읽게 되었습니다. 철학과 과학 등 전문 지식을 바탕으로 한 책은 더 어려웠는데 선생님들과 함께 읽으며 내용을 공유하고 생각을 주고받으며 혼자 읽었다면 깨닫지 못했을 것들을 배우고 느끼는 시간을 가졌습니다.

혼자가 아니라 함께 모여 독서 모임을 하면 서로 이야기를 주고받으며 생각을 나누기에 고정된 시각이 아니라 다양한 각도로 책을 바라볼 수 있었습니다. 결국 책은 매개체이고 책을 중심으로 사람과 사람이 만났습니다. 혼자 즐거워하기보다 함께 즐거움을 나누면 배가 되고, 혼자 슬퍼하기보다 함께 슬픔을 나누면 반이 되듯이 독서 모임을 하다 보니 어느덧 서로 사랑하며 연합하는 행복을 맛보게 되었습니다.

인생책이 내 삶을 송두리째 바꾸다

교사들이 모여 책을 선정하는데, 아무래도 독서 모임이다 보니 독서에 관련된 책을 자주 읽게 됩니다. 독서에 관련된 책을 보다 보면 자주 등장하는 단어가 있습니다. 바로 '인생책'이라는 단어입니다. 저자들은 인생책을 읽고 삶이 변했다고 하나같이 이야기했습니다. 나에게는 먼 이야기이며 책 속의 이야기인 줄만 알았던 인생책을 저도 만나게 되었습니다. 인생책을 만나고선 단순히 책이 주는 유익을 경험하는 것을 넘어서 삶이 송두리째 바뀌는 경험을 했습니다. 다시 생각해 봐도 너무 나도 신기한 경험입니다. 그동안 노력해도 불가능했던 일들이 단순히 책 한 권을 읽고 가능하게 되었습니다. 이쯤 되면 어떤 책인지 궁금하시죠?

바로 김진수 선생님의 『독서교육 콘서트』입니다. 이 책은 마치 살아 있는 것처럼 제 삶에 들어와 저를 이끌었습니다. 나도 저자처럼 살 수 있을 것 같은 믿음이 생겼습니다. 첫 번째 변화는 그동안 작심삼일로 매번 실패했던 미라클 모닝을 성공하게 된 것입니다. 저자와 같이 11시에 취침을 하고 5시에 일어나게 되었습니다. 세상이 새롭게 보였습니다. 새벽 시간을 활용하여 많은 것을 할 수 있었습니다. 신기한 건 저만 변하는 것으로 끝나지 않고 가정도 함께 변했다는 것입니다. 딸들도 조금씩 조금씩 일찍 일어나기 시작했습니다. 새벽에 독서하는 제 옆으로 와서 같이 책을 읽기도 했습니다. 소중한 순간이라 영상을 찍어서 유튜브에 올렸습니다.

미라클 모닝을 1년 정도 한 다음에는 학교 동료 선생님들과 미라클 모닝 모임을 만들었습니다. 처음에는 '관심 있는 선생님들이 있을까?' 하는 생각이 들었지만, 의외로 저와 같은 선생님들이 많이 있었습니다. 특히 육아와 가사에 지쳐 자신만의 시간이 없는 선생님들은 미라클 모닝을 통해 개인 시간을 확보하게 되었습니다. 아침 시간을 활용하여 운동,

독서, 글쓰기, 집 정리 등 자신이 하고 싶은 일들을 즐겼습니다.

제 인생책인 『독서교육콘서트』에는 저자가 어떻게 독서에 관심을 갖게 되었는지 나와 있습니다. 저자와 같이 『독서 천재 홍대리』라는 책을 읽고 책에서 제시한 100일 동안 30권 책 읽기, 1년 동안 전공 서적 100권 읽기를 성실하게 수행하려고 노력했습니다. 제 전공은 특수교육이고, 지금은 청각장애학생을 가르치는 일을 하고 있습니다. 청각장애 전공 서적은 100권이 안 되기에 달성하진 못했지만, 종류별로 시중에 나온 모든 청각장애 전공 서적을 구매하여 꼼꼼히 읽었습니다. 각 챕터별로 마인드맵으로 정리를 하고 공부한 내용이 아까워서 내용을 요약하여 유튜브에도 올렸습니다.

『독서교육콘서트』를 만나고 그 이후에 읽은 책들은 거의 대부분 제 삶의 영향을 주었습니다. 『질문이 있는 교실』이라는 책을 읽고선 거꾸로 교실을 시작했습니다. 지금이야 유튜브가 대중화되고 많은 사람이 크리에이터를 꿈꾸고 영상을 올리지만 5, 6년 전만 해도 쉬운 선택이 아니었습니다. 대중들에게 내 얼굴을 알리고, 수업 영상을 수어로 올리는 건 용기가 필요했습니다. 수업이나 수어(수화에서 수어로 용어가 바뀜) 능력이 부족해서 비판이나 질타를 받을까 두려운 마음도 들었습니다. 부족해서 비판받으면 더 노력하고 공부하면 된다는 마음으로 교과 내용을 영상으로 찍고 유튜브에 올려 학생들에게 숙제로 내줬습니다. 청각장애 학생들은 수어를 모국어로 사용해, 음성 언어로 가르치는 학원은 다니기가 어렵기에 학부모님들이 참 좋아해 주셨습니다. 학생들도 의외로 유튜브에 선생님이 나오는 모습을 보고 흥미로워했습니다.

자녀 독서 모임을 만들다

독서교육콘서트 다음으로 큰 영향을 준 책은 바로 『책아 놀자』입니다. 저자도 저와 같은 교사이고 육아에 관심이 많은 분이었습니다. 저자는 육아 휴직을 하고 자녀 친구들과 독서 모임을 만들었습니다. 그리고 실컷 놀게도 했지요. 공통 분모가 있어서일까요? 저 역시도 저자와 같이 자녀를 위한 어린이 독서 모임을 만들겠다고 생각하게 됩니다. 다행히 사랑하는 딸들도 독서에 관심이 많아 적극 찬성했습니다.

2019년 겨울 즈음에 떨리는 마음으로 지인들 자녀와 우리 집에서 첫 오프라인 독서 모임을 시작했습니다. 그렇게 2회 정도 독서 모임을 했는데 코로나가 빵 하고 터지고는 모든 게 마비되었습니다. 독서 모임도 예외는 아니었습니다. 시작하자마자 꽃도 피우지 못하고 저버리게 되었습니다. 생각보다 코로나는 쉽게 사그라지지 않았습니다. '언제쯤 독서 모임을 다시 시작할 수 있을까' 고민하던 찰나에 함께 참여하던 동료 선생님께서 줌으로 해보자고 권해주셨습니다. 그때부터 온라인 독서 모임이 시작되었습니다.

첫째 딸이 7살 때 줌 독서 모임을 시작했습니다. 첫째 딸 친구들과 깍두기로 5살 둘째 딸도 함께 모여 독서 모임을 하는데, 처음에는 혼돈 그 자체였습니다. 대면 교육도 쉽지 않은데 온라인은 더 어려웠습니다. 그래도 시간이 지나면 익숙해질 모습을 상상하며 모임을 이어 나갔습니다. 한 달, 두 달 시간이 지나고 사정이 있는 친구들은 하차하기도 하고, 새로운 친구들이 들어오기도 하면서 모임은 어느 정도 자리를 잡았습니다.

어느 날 둘째가 이야기했습니다. "아빠 나도 친구들이랑 독서 모임 하고 싶어." 둘째 딸은 언니 친구들 사이에서 좀 외로웠던 것 같습니다. 아무래도 언니들보단 친구들이 더 좋겠지요. 일주일에 한 번씩 하는 독서 모임인데 두 번까지 할 수 있을까 고민이 되었지만, 둘째 입장에선 차별이라 느낄 수 있기에 과감하게 둘째 친구들도 모집했습니다. 많은 부모님이 좋아해 주셨고, 인원은 쉽게 모집할 수 있었습니다. 이젠 둘째 딸도 깍두기가 아니라 주인공처럼 독서 모임을 하게 되었습니다. 언니들과 할 때는 경직된 모습이었는데 친구들이랑 할 때는 미소가 끊이지 않았습니다. 역시 친구가 최곱니다.

독서 모임의 최우선 목적은 즐거움입니다. 아이들은 재미없으면 지루해합니다. 그래서 저는 개그맨으로 변신해 독서 모임을 진행합니다. 장난을 치며 똥 이야기를 할 때 아이들은 함박웃음을 터트리며 모임에 참여했습니다.

저는 하브루타 교육 방식을 예전부터 선호했습니다. 줌으로 책을 읽어줘야 해서 너무 길지 않은 분량의 책을 고르고 중간에 미션지(질문지)를 적게는 5개 많게는 8개 정도 책 사이사이에 넣습니다. 책을 읽으며 나오는 질문지를 통해 친구들과 자유롭게 대화를 나눕니다. 표현할 자유, 침묵할 자유 모두를 존중합니다. 즐거운 독서 모임이 끝나면 행복한 간식 시간이 이어집니다. 팬데믹 시대에 친구들과 만나서 대화하고 놀 시간이 부족했는데 줌을 통해 함께 교제하는 시간은 정말 귀중했습니다. 좋아하는 간식은 모임을 더 풍성하게 만들었습니다.

교회 독서 모임을 만들다

팬데믹 시대는 모든 오프라인 모임을 중지시켰습니다. 학교는 물론이거니와 교회 역시도 마찬가지였습니다. 모여서 드리던 예배는 녹화본 예배, 줌 예배 등으로 대체되었고 아무래도 기존 오프라인 예배보다는 시간이 많이 줄었습니다. 심심한 딸들을 위해 교회에서 초등부 독서 모임을 만들었습니다. 처음에는 딸들이랑만 하다가 차차 대면 예배로 전환되면서 아이들이 늘어갔습니다. 초등부 독서 모임의 형식은 자녀 독서 모임과 다르지 않습니다. 다만 교회이기에 성경 동화를 가지고 독서 모임을 합니다.

제가 교회에서 맡은 부서는 사랑부입니다. 사랑부라는 부서는 장애가 있는 친구들이 함께 모여 예배를 드리는 부서입니다. 팬데믹은 장애인들을 가정에 고립시켰습니다. 어떻게 하면 도움을 줄 수 있을까 고민하다가 사랑부 독서 모임을 만들게 되었습니다. 그 시간에는 사랑부 친구들과 줌으로 성경을 한 절씩 돌아가면서 읽습니다. 사실 큰 기대가 없었습니다. 친구들을 줌으로 만나는 동안 부모님들에게 잠시나마 쉼을 주고, 친구들과는 안부를 물으며 잠시 돌보는 정도로 생각했습니다. 그런데 놀라운 변화가 일어났습니다. 처음에는 순서를 정해줘도 금방 잊어버리고, 성경을 읽을 때 밑줄을 그어줘야 따라 읽었습니다. 장족의 발전을 보이며 5년이 지난 지금은 사랑부 친구들의 발음도 좋아지고, 자기 순서도 기억해서 읽는 등 발전하는 모습을 보였습니다.

범사에 감사하라

독서 모임만 하다가 문득 다른 활동도 함께하면 좋겠다는 생각이 들었습니다. 지속해서 하려면 내가 관심 있고 좋아하는 활동을 해야 합니다. 미라클 모닝을 시작하고 새벽에 늘 감사를 기록했습니다. 전날을 회고하며 감사한 일을 적고 가끔은 미래를 향해 감사를 고백했습니다. 감사에 대해 할 말이 많지만, 가장 중요하게 생각하는 포인트는 바로 '의지'입니다. 의지를 가지고 적극적으로 삶의 감사한 부분을 찾고 고백하고 기록합니다. 삶이 놀라울 정도로 풍요로워집니다. 주어진 삶에 감사하고 욕심을 부리지 않게 됩니다. 이 풍요로운 삶을 독서 모임을 함께하는 친구들과도 나누고 싶어졌습니다.

첫째 딸, 둘째 딸, 교회 초등부, 사랑부 독서 모임을 마치고 친구들과 감사를 노트에 기록하고 나눕니다. 아무래도 제가 가장 좋아하는 감사 내용은 독서 모임에 대한 감사입니다. 아이들이 고맙게도 독서 모임을 좋아하고 즐겁다며 감사하다고 합니다. 이보다 보람찬 일이 또 어디 있을까요. 너무 행복하고 기쁩니다. 천사 같은 아이들이 독서 모임을 좋다고 하니 오히려 아이들에게 에너지를 받고 힘이 납니다.

일주일에 네 번의 독서 모임을 합니다. 때론 지치고 힘들기도 합니다. 그래서 부모님들께 양해를 구하고 쉰 적도 있습니다. 또 어느 때는 친구들이 기다리니 약간의 억지스러움을 가지고 독서 모임을 한 적도 있습니다. 놀랍게도 독서 모임을 하니까 제가 더 힘이 났습니다. 아이들의 맑은 눈동자와 창의적인 대답은 저에게 생명력을 불어넣어 줬습니다. 거기에 감사를 고백하며 독서 모임이 즐겁다고 하는 친구의 말을 들으면 없던 힘도 생겼습니다. 이제 남을 위한 독서 모임이 아니라 저를 위한 독서 모임이 되었습니다. 나누고 있는 줄 알았는데, 오히려 받고 있었습니다.

이뿐 아니라 학부모 독서 모임, 학생 독서 모임, 방학 때 지인들과 하는 독서 모임, 자경노 독서 모임, 딸들과 아침저녁으로 하는 가정 독서 모임 등이 더 있습니다. 문득 저 자신을 돌아보니 독서 모임에 미친 사람이 된 것 같네요.

책을 통해 배우고, 사람을 통해 배우고, 서로 연대하며 관계를 맺어가는 독서 모임 한 번 해보지 않으시겠어요?

02

조매꾸의 기적

조금씩, 매일, 꾸준히

이 세 단어는 어떻게 보면 대단해 보이지 않습니다. 바쁘고 바쁜 현대사회 속에서 조금씩은 너무 느려 보입니다. 내가 한 걸음 걸으면 다른 사람은 두 걸음, 세 걸음을 걷습니다. 아니, 뛰어가고 날아다니는 사람 천집니다. 바쁜 세상에서 조금씩이라는 말은 참 우스워 보이기까지 합니다. 세상 물정을 모르거나 순진한 생각 같지 않나요?

매일도 마찬가지입니다. 매일 돌아오는 일상이라 평범해 보입니다. 많은 사람이 시간의 소중함을 모르고 매일 주어지는 시간이 당연한 듯 시간을 펑펑 사용합니다.

꾸준히 보다는 한 방에 대박 터트리고 싶은 것이 인간의 마음일 겁니다. 꾸준히 일해서 돈을 버는 것보다 로또 한 방으로 인생 역전을 꿈꾸곤 합니다. 저 역시도 언제부턴가 내공을 쌓으려 하지 않고, 운이 따라주거나 한 방에 대박이 터지기를 바랐던 것 같습니다. 속은 텅텅 비었는데 큰일이 하고 싶었고, 편하고 좋은 일만 하고 싶었습니다.

그런데 한 번 생각해 보세요. 쌓아온 것이 없는데 대단한 일이 주어진들 무엇을 할 수 있을까요? 세계에서 가장 좋은 대학인 하버드 대학에 특별히 합격 시켜준다면 저는 커리큘럼을 잘 따라가서 졸업할 수 있을까요? 영어도 못 하는데? 경영에 대해 아무것도 모르는데, 회사 사장을 시켜주면 잘 운영할 수 있을까요?

결국 내공이 없으면 아무것도 아닙니다. 내 안에 의미 있는 것들을 쌓아가야 합니다. 그러면 내공은 어떻게 쌓일까요? 정답은 바로 조금씩, 매일, 꾸준히입니다.

많이 하면, 매일 하기 어렵고 꾸준히 하기 쉽지 않습니다. 조금씩 이 중요합니다. 너무 욕심부리면 제풀에 지치기 때문입니다.

백종원의 골목식당 이야기를 해보고 싶습니다. 지금은 종영되었지만, 예전에 즐겨 보던 프로그램 중 하나입니다. 백종원 씨는 참 배울 게 많은 사람입니다. 공무원 준비는 밤새며 몇 년씩 하면서 장사 준비는 왜 하나도 하지 않느냐고 호통을 치는 장면이 있었는데, 그 말을 듣자마자 뒤통수를 한 대 맞은 듯했습니다. 성공은 아무나 하는 것이 아니더군요. 특히 자영업이라는 게 아무나 할 수 있는 듯 만만하게 보이지만 쉽지 않은 일입니다. 거리를 잠깐만 다녀봐도 주위는 온통 가게들입니다. 하지만 1년, 5년, 10년을 지나도록 오랜 시간 거리를 지키는 경우는 별로 없지요. 우리 동네만 하더라도 '어, 언제 바뀌었지?'하는 생각을 하게 했던 가게들이 많았습니다. 90%는 적자라서 망하고 5%는 현상 유지라는 말이 괜히 생겨난 말이 아니었습니다. 그만큼 장사도 준비되어 있지 않으면 성공하기 어렵습니다.

그 당시 많은 사람이 골목 식당에 나오면 대박이 터진다고 했습니다. 여기저기서 방송국에 촬영 문의를 했고 운 좋게 선정된 곳만이 촬영할 수 있었습니다. 그런데 방송을 보면 볼수록 신기한 점을 발견했습니다. 쉽게 말해서 줘도 못 먹는 사람들이 태반이었습니다. 인성 문제, 태도 문제, 위생 문제 등으로 기회가 와도 그냥 흘려보내는 사람들을 보면서 '솔루션을 받을 준비조차 되어 있지 않구나.'하는 생각을 했습니다. 골목식당으로 대박 난 집은 이미 그전에 내공이 쌓여있던 집이었습니다.

저와 아내는 골목식당에 나오고 백종원 솔루션에 합격한 식당을 방문하는 게 하나의 데이트 코스였습니다. 아귀찜, 냉면, 햄버거, 텐동, 돈가스, 스파게티집 등을 방문했는데 백종원 솔루션을 합격했으니 어느 정도 맛은 보장되어 있었습니다. 그런데 시간이 지나니 점점 손님이 줄고 맛도 변하고 장사를 접는 가게들이 생겨나기 시작했습니다. 장사를 유지하는 체력도 필요하고 절제도 필요해 보였습니다. 손님이 늘어나서 자신의 역량 이상의 음식을 만들게 되니 맛이 떨어지는 것은 당연한 일이었습니다. 손님이 없어서 앉아만 있다가 이제는 대기 줄이 끝없이 펼쳐져 있고 쉴 시간 없이 요리만 하다 보니 힘에 부칩니다. 그러다 보니 점점 표정이 안 좋아지는 모습도 봤습니다. 손님이 있는데도 다투는 부부 사장님도 본 적이 있습니다. 맛있는 음식을 만드는 비법과 경영 방법은 백종원이 가르쳐 줄 수 있어도, 그 맛을 유지하고 직접 가게를 꾸리는 것은 각자 본인이 해야 할 일이었습니다.

기회는 준비된 자에게만 찾아온다는 말을 많이 들어보셨을 겁니다. 저는 이렇게 생각합니다. 기회는 누구에게나 찾아오지만, 그 기회를 그냥 지나치지 않고 성공으로 이끄는 사람은 준비된 사람들이라고요.

인생은 한 방으로 해결되지 않습니다. 로또 역시도 마찬가지이지요. 몇 십억에 당첨되는 로또 1등도 돈을 관리하고 사용할 능력이 없는 사람들은 금방 탕진하고 맙니다. 요즘 시대에 10억, 20억쯤이야 마음만 먹으면 쓰는 일은 일도 아닙니다. 돈을 관리하고 경영할 준비가 안 되어 있으면 로또 1등도 금세 안녕입니다. 무슨 일을 하든지 내공을 쌓고 준비가 되어 있어야 합니다. 이 내공은 한 방에 만들어지는 것이 아닙니다.

조금씩, 매일, 꾸준히 하는 것들만이 내 안에 유의미하게 남습니다. 그 외의 것들은 언제든지 무너질 수 있습니다. 마치 모래에 성을 쌓는 것과 같습니다. 겉보기에 화려해도 비바람이 몰아치면 금방 무너집니다.

사실 조매꾸는 말이 쉬워 보이지 정말 어렵습니다. 토끼와 거북이 속의 토끼처럼 한 번에 막 달리다가 몇 시간 푹 자는 게 속 편합니다. 그런데 문제는 몇 시간 푹 자고 일어나면 게을러집니다. 오히려 거북이처럼 걷기가 더 어렵습니다. 욕심을 버리고 너무 멀리 보기보다 가까운 곳을 목표지점으로 삼아 거북이처럼 느려 보여도 조금씩, 매일, 꾸준히 걷다 보면 어느새 결승점에 도달합니다.

많은 독서 모임은 조매꾸의 열매입니다. 무리해서 독서 모임을 준비하는 데 많은 에너지를 소모하고 모임 때도 이것저것 많이 했으면 꾸준히 못 했을 겁니다.

조금씩, 매일, 꾸준히 하다 보면 더디 보여도 언젠간 열매를 맺습니다.

그래서 오늘도 외쳐봅니다.

조금씩! 매일! 꾸준히!

미래 비전

미래에 대한 비전을 오랫동안 고민했습니다. 나는 무엇을 좋아하고, 잘하며, 관심이 있을까? 생각해 보면 학교에서 배우지 못한 내용입니다. 시험을 위한 공부만 했고, 기계적으로 암기하기 바빴던 학창 시절이었습니다. 나에 대해 생각해 볼 시간이 없었습니다.

난 왜 태어났고, 무엇을 위해 살까?

무너진 가정을 회복시키자

저는 화목하지 못한 가정에서 자랐습니다. 아버지는 정이 많고 베풀길 좋아하셨지만, 술을 드시면 난폭한 모습을 많이 보이셨습니다. 하루가 멀다 하게 아버지와 어머니는 서로 다퉜습니다. 어머니도 살기 위해선 아버지와 맞서야 했습니다. 결국 어머니와 아버지는 별거하게 되었고, 제 꿈 중 하나는 '아버지처럼 살지 말자'가 되었습니다. 그런데 안타깝게도 생각과 삶이 일치하지 못하고 저도 아버지처럼 살아가고 있었습니다.

이런 제가 군대 교회에서 기획한 '예비 아버지 학교'라는 프로그램에 참여하게 되면서 꿈과 같은 기회를 만나게 됩니다. 2박 3일 동안 부모님께 받았던 상처를 치유 받고 가정 회복이라는 꿈이 생겼습니다. 그렇게 아버지를 집에 모시고 와서 원가정은 다시 하나가 되었고, 지금은 사슴 같은 아내와 강아지 같은 세 딸과 행복한 가정을 만들어 가고 있습니다. 독서 모임도 행복한 가정을 만들기 위한 하나의 도구입니다.

가정에서 피어난 축복을 우리만 간직하는 것이 아니라 나눠야 한다고 생각하게 되었습니다. 결국 세상은 혼자의 힘으로 살아갈 수 없고, 이웃과 사회와 연대해야 더 나은 삶을 구현할 수 있습니다. 그러기 위해선 내가 가진 것을 이웃과 나눠야 합니다. 제가 가지고 있는 것은 가정을 향한 열정입니다.

저는 아이들을 정말 좋아합니다. 행복해하는 아이의 얼굴은 그 어떤 표정보다 아름답습니다. 아이들의 웃음소리는 듣는 사람 모두를 미소 짓게 합니다. 지금까지 우리는 꽃도 못 피워본 어린 생명들을 황망하게 보낸 적이 너무나 많습니다. '안타깝다.' 정도로는 표현할 수 없는 가슴 아픈 소식을 언론이나 기사를 통해 쉽게 접합니다.

이제는 아이들에게 이런 아픔을 겪게 하고 싶지 않습니다. 세상의 전부인 부모로부터 받는 상처와 그토록 사랑하는 부모를 다시 만날 수 없는 길로 몰아넣는 일은 아이가 감내해야 할 것들이 아닙니다. 행복하고 재미난 하루하루를 보내며 순수하고 맑은 아이로 자라나길 바랍니다. 내 자녀만이 아니라 함께 살아가는 모든 아이가 행복했으면 좋겠습니다. 지금 내가 하고 있는 일이 작은 보탬이라도 되길 바라는 마음으로 살아갑니다.

교사, 전도사, 독서 모임 운영자, 아빠라는 역할들은 많은 아이를 만나게 해줍니다. 아이들을 좋아하는 이유는 아이들에게 순수한 마음과 이리저리 재지 않고 사람을 대하는 맑은 마음이 있기 때문입니다.

무너진 가정을 회복시키고 아이들이 행복한 가정을 만들고 싶습니다. 그동안 행복한 가정 만들기 동아리도 만들어 보고, 지인들에게 자녀 교육 강의도 해봤습니다. 이제는 조매꾸 김병수 선생님처럼 교회와 이웃과 함께 연대하는 모임을 만들고 싶습니다. 함께 자녀 교육에 대해 고민하고 서로 도와주는 마을 공동체 모임을 꿈꾸고 있습니다.

자녀에게 존경받는 아빠

밖에서는 좀 더 친절하고 성실하게 지내면 칭찬받기 어렵지 않습니다. 집에서는 몸도 마음도 편하다 보니 여간 정신 차리지 않고서야 가족들에게 칭찬받기 어렵습니다. 자녀와 배우자에게 좋은 모습을 보이려면 밖에서보다 훨씬 더 생각하고 신경 써야 합니다.

내가 못 하는 걸 자녀에게 요구할 때는 없는지, 내 욕심이 앞서 자녀에게 이래라저래라 하지는 않는지, 소위 말하는 가스라이팅을 우리 자녀에게 하고 있지는 않은지 돌아보고 있습니다.

가정에서도 자기 성찰을 소홀히 하지 않고, 자녀와의 유대 관계를 끈끈히 하여 그 누구보다 자녀에게 존경받는 아빠가 되고 싶습니다. 외부에서 칭찬과 존경을 받기보다는 자녀에게, 그리고 아내에게 받고 싶습니다. 가족에게 사랑받고 칭찬받는 것만큼 행복한 일이 어디 있을까요.

앞으로도 나에 관해 연구하고 탐구하여 나를 바로 알길 원합니다. 꾸준히 내면을 들여다보고 독서하고 사색하다 보면 나를 찾아갈 수 있을 것입니다. 나를 찾은 다음에는 가족에게, 그리고 이웃에게 한걸음, 한 걸음 나아가고 다른 사람의 속도에 맞추지 말고 내 보폭에 맞게 걸어가려고 합니다. 한 사람, 한 사람 손을 잡으며 사랑하고 연대하여 조금 더 행복한 세상이 되기를 꿈꿉니다.

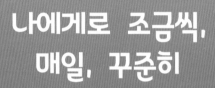

나에게로 조금씩,
매일, 꾸준히

신혜영

깔끔하게 정돈된 대강연장, 이곳은 얼마 전 새로 인테리어 공사를 마친 상태라 모든 것이 새로운 설렘으로 빛나는 곳입니다. 강연장은 무려 수백여 명의 청중도 수용할 수 있을 정도로 장대하지만 그 어떤 위압감도 느껴지지 않는 편안한 분위기를 물씬 풍깁니다. 반면, 적당한 크기의 무대는 강연자를 품기 위해 정갈하고 단정히 준비된 모습이고, 어둡지도 눈이 부시지도 않은 조명이 따스히 무대를 비추고 있습니다. 계단식으로 되어 있는 객석에는 부드럽고 푹신한 빨간 패브릭 의자가 촘촘히 채워져 있습니다. 모두가 바라보는 무대 위, 그곳에 바로 내가 서 있습니다. 나는 청중 곁으로 조금은 떨리지만 누구보다 벅찬 마음으로 나아갑니다. 위아래로 파란색 수트를 입고, 머리는 가볍게 묶은 채로. 살짝 웨이브가 들어가 있는 긴 머리카락은 나의 두근거리는 마음처럼 찰랑입니다. 누구보다 오랜 시간 이 순간을 기다려왔다고, 바로 이 순간을 만나기 위해 나는 내 삶의 모든 순간을 살아왔다고 담담히 이야기하겠지만 실은 깊은 마음 저 바닥으로부터 차오르는 눈물을 참느라 거듭 애를 쓰고 있습니다. 내가 건네는 한마디 한마디에 사람들은 감탄했다가 웃음지었다가 때로는 눈물을 글썽이기도 합니다. 2시간여의 강연이 끝나자 사람들은 자리에서 일어나 나에게 박수를 보내고, 감동과 확신에 찬 눈길을 보냅니다.

지난 10여 년간 내 머릿속을 떠나지 않고 언제나 생생하게 그려지는 내 인생의 한 장면입니다.

그 모든 것의 시작

　　임용시험에 합격한 뒤, 2년간 경상남도교육청 소속 교사로 열심히 근무했습니다. 나의 모든 시작이었던 곳, 나의 고향이 있는 곳. 정말 소중한 기억들로 가득한 곳이지만 때로는 너무나 버겁고 울고 싶은 순간들이 많은 곳이었습니다. 고작 2년차 교사인 내가 학교의 교육과정 전반을 책임지고 맡아 작성해야 했고, 도움을 줄 수 있는 선배는 아무도 없었습니다. 밤새 한 숨도 자지 못하고 학교의 1년 교육과정을 계획해서 출근하면, 지난 밤 내가 한 일은 아무 의미도 없는 일이었음을 깨닫는 날들의 반복. 차라리 교통사고라도 나면 이 모든 괴로움에서 벗어날 수 있을까 하는 마음에 아침 출근길마다 내 앞을 달리고 있는 차를 노려보며 학교로 향했습니다. 5명의 교사가 근무하는 4학급 규모의 학교에서 가장 경력이 많은 교사는 3년차로 교무업무를 담당하였습니다. 그리고 이제 신규 꼬리표를 막 떼어낸 2년차 교사인 내가 학교 교육과정을 설계하고, 연구, 학력 업무 전반을 담당하며 2개 학년의 수업을 동시에 진행해야 하는…. 다시 생각해봐도 정말 말도 안 되는 근무여건의 학교였습니다. 매일매일 발을 동동거렸지만 나아지는 것은 없었고, 얼마나 많은 날들을 눈물로 지새웠던지요. 그 일상 속에서 나는 첫 해에 가르쳤던 소중한 제자가 범죄 사건에 연루되어 어린 나이에 세상을 떠났다는 소식마저 들어야 했습니다. 사랑하는 것들이 바스락 부서져 흩어지고, 슬픔 속에서도 하루하루를 버티는 것 말곤 아무것도 할 수 없었던 시간들. 2년간의 경상남도 교육청 근무를 마치고 그 곳을 떠날 때 아쉬움은 단 하나도 없었습니다. 드디어 끝났다. 드디어 벗어났다. 이제 더 이상 괴롭지 않을 수 있다. 오직 그 마음만이 내 안에 가득했습니다.

나는 2년간의 경상남도 근무를 끝내고 충청남도로 전출을 희망하여 이동했습니다. 충청남도 근무를 명하는 발령장을 받으러 교육청에 갔을 때, 장학사님이 건네주시는 전출통지서 받으며 나는 나의 모든 것을 뒤바꾸어 놓을 단 하나의 생각이 내 머리를 스치고 지나감을 느꼈습니다. '나는 반드시 다시 돌아온다, 그리고 돌아올 때의 나는 그저 평범한 교사가 아니라 대강연장에서 선생님들을 위해 강연을 하는 교사이다. 모든 괴로움을 뒤로 하고 떠나지만, 돌아올 때에는 그 누구보다 당당한 모습으로 돌아오게 될 것이다. 나는 정말로 반드시 돌아올 것이다.'

어째서였을까요? 그 날 스치듯 그런 생각이 내 머릿속을 가득 채웠고, 그 날 이후 내가 많은 사람들 앞에서 강연을 하는 모습은 내가 가는 곳 어디든 언제나 나를 따라다녔습니다. 어느 날은 너무나도 생생히 그려지는 그 모습에 가슴 벅찬 마음을 느끼며 혼자 울기도 했습니다. 미래의 어느 순간, 내가 꿈꾸던 장면을 살아가고 있는 나의 마음이 지금 현재의 나에게로 전해져 기쁨의 눈물을 흘릴 수밖에 없었던 것입니다.

어렴풋이 기억을 거슬러 올라가보면, 사실 내가 그런 꿈을 가슴에 품었던 것은 그보다 훨씬 오래전의 일이었습니다. 처음으로 교생 실습을 나갔을 때, 교생들을 가르쳐주시던 선배 선생님을 바라보며 나도 다른 선생님을 가르쳐줄 수 있는 교사가 되면 좋겠다고 생각했습니다. 학생들을 훌륭하게 잘 가르치고, 그 방법을 다른 교사들에게도 알려줄 수 있는 사람이 되고 싶었습니다. 갓 교직에 나와 교사로서의 미래를 그려갈 때에도 언제나 나의 마음은 한결 같았습니다.

"앞으로 우린 어떤 삶을 살게 될까? 교사로서 우리는 어떤 꿈을 꾸어야 할까?"

교사라면 누구나 한번쯤은 고민해봤음직한 질문입니다. 이 질문에 대한 답은 다양하겠지만, 나는 처음으로 이러한 질문을 받았을 때, 이렇게 대답했던 기억이 납니다.

"난, 다른 선생님들을 가르쳐주는 선생님이 될 거야. 음…. 수석교사 같은 거, 그런 거 말이야."

우리의 인생은 꿈에 그리던 목표를 이룬 순간에 묘한 선물 하나를 건넵니다. 환희와 기쁨이라는 포장지로 싸여진 선물상자를 열어보면, 그 안에는 이제껏 바라봐왔던 목표를 잃어버렸다는 허망함이 들어있습니다. 단지 교사라는 꿈을 향해 달려왔던 나의 친구들은 교사가 되었다는 기쁨을 누리는 것도 잠시, 이제 어떠한 삶의 목표를 가지고 살아야 하는지 또 다시 헤매기도 했습니다. 그러나 내게는 흔들림없이 나를 단단히 붙잡아주는 꿈이 여전히 있었고, 그것은 바로 다른 선생님들을 가르칠 수 있는 교사가 되는 것, 또 강연자가 되는 것이었습니다.

학교에 근무하며 참 많은 사람들을 만났습니다. 아이들을 사랑으로 품는 따뜻한 선생님, 단호하고 엄하지만 학생들을 잘 지도하는 선생님, 때로는 학생들보다는 자신의 개인적인 삶을 더 충실히 사는 것처럼 보이는 선생님, 아무 일에도 흥미가 없어보이는 선생님까지…. 정말 각양각색의 사람들이 '교사'라는 이름으로 한데 어우러져 있는 공간이 학교였습니다.

'정말 훌륭한 선생님이네.', '선생님이 어떻게 그럴 수 있지?'

이런 생각들은 '교사'라는 틀을 놓고 그들을 바라봤을 때 내가 가지는 막연한 느낌들이었습니다. 하지만 꾸준히 애를 써, 함께 시간을 보내며 그들의 내면 깊은 곳에 가 닿았을 때 그들 역시 인간으로서 모두 비슷한 욕망을 가지고 있다는 것을 알게 되었습니다. '의미 있는 삶을 살고 싶어. 내 인생이 소중히 빛났으면 좋겠어.' 그러한 마음을 강하게 품고 있는 사람일수록 분명한 목표를 가지고 살아가고 있는 듯한 나에게 놀라움과 부러움의 눈길을 보냈습니다.

'너는 어떻게 그렇게 확실한 목표를 가질 수 있니? 난, 도대체 내가 뭘 해야 할지 잘 모르겠어.'

목표를 가지고 있다는 것, 그것은 참 멋진 일입니다. 심지어 변치 않는 확고한 목표가 있다는 것은 정말로 감사한 일이라고 생각합니다. 하지만 가슴 속에 목표를 품고 살아간다 해서 언제나 인생이 장밋빛인 것은 아닙니다. 어떠한 어려움에도 '괜찮아' 웃음지으며 툴툴 털고 일어날 수 있는 것도 아닙니다. 단지 한 번 더 해보자, 조금 더 힘을 내보자 스스로를 조금 더 자주 다독일 뿐입니다.

02

시련이라는 이름 뒤에

'도망쳐서 도착한 곳에 낙원은 없다'라는 말이 있습니다. 경상남도 에서 충청남도로 근무지를 옮길 때, 반드시 옮겨야만 하는 개인적인 이 유가 있긴 했지만, 그래도 그것은 분명 모든 괴로움으로부터의 도망이 었습니다. 이제 더 이상 힘들지 않을 수 있으리란 막연한 기대, 그 어느 곳이든 지금 여기보다는 나으리란 희망으로 나는 새로운 지역, 새로운 학교로 향했습니다. 그리고 인생이 준비한 또 다른 시련은 내가 오기만 을 조용히 기다리고 있었습니다.

충청남도에서 처음으로 근무했던 학교 역시 작은 규모였지만, 다 행히 6학급이었습니다. 6학급인 것만으로도 정말 감사한 일이었습니다. 적어도 근무하는 교사가 7명으로, 작년보다 2명은 더 많아졌고 믿고 따 를 만한 선배교사도 있었기 때문입니다. 당연히 여러 학년의 수업을 동 시에 하지 않아도 되었고, 한 학년의 수업만 열심히 준비해서 가르치면 되었습니다. 더 힘든 시간을 지나왔기에 나에겐 모든 것이 감사하고 기쁜 일이었습니다. 이제 믿을 수 있는 선배 선생님들의 따뜻한 보호 아래, 차근차근 학교 일을 배워가면 된다고 생각했던 찰나, 공모사업 계획서를 하나 써 보라는 선배 선생님의 제안을 받게 되었습니다. 초안은 거의 준비되어 있었고, 세부적인 내용만 살짝 수정하면 되는 정도의 간단한 일이었습니다. 약간의 수정 끝에 제출한 계획서는 왠지 모르게 선배 선생님의 마음을 흡족하게 해드린 눈치였고, '감각이 있네.'라는 말로 시작된 칭찬은 또다시 끝없이 쏟아지는 업무로 이어졌습니다. 퇴근 시간은 언제나 깜깜한 밤 10시. 초등교사가 그렇게까지 많은 일을 할 수도 있다는 것을 처음으로 알게 된 순간이었습니다. 경상남도에서는 일을 가르쳐주는 선배 하나 없이 모든 일을 문제없이 처리해야 한다는 것이 언제나 나를 괴롭게 했다면, 충청남도에서는 선배교사의 애정어린 가르침 아래에서 '과연 이런 일까지 해야 하는 건가' 고민하게 하는 과중한 업무가 나를 괴롭혔습니다. 그래도 모든 시간을 지나온 지금, 후자가 훨씬 낫다는 것을 이제는 분명히 알고 있습니다. 매일 야근을 하던 그때 그 시절, 분명 견딜 수 없이 힘들었지만 나는 교사로서 정말로 많이 성장할 수 있었습니다. 늘 힘들어하고 버거워했지만 돌아보면 나를 성장시키려는 선배 선생님의 애정도 그 속에 숨겨져 있었기 때문입니다. 이제는 진심으로 지나왔던 그 시간들에 감사하고 있습니다. 그때 나를 눈여겨 봐주신 분은 내게 교사로서 성장할 수 있는 길을 보여주기 위해, 업무 속에 많은 기회들을 담아 주셨었습니다. 그러나 아직은 어리고 미숙한 저경력 교사였던 내게 그 길은 하나같이 승진을 해서 관리자가 되는 길처럼 보였고, 그 어느 것에도 흥미를 가질 수 없었습니다. 내 속에는 분명하게 내가 가야 할 길, 내가 반드시 만나야만 하는 미래의 나, 강연자로서의 내가 있었기 때문입니다.

늘 나와 함께 하는 나의 꿈, 나의 목표는 언제나 선명한 이미지로 내 머릿속에 생생히 그려지지만, 단 한가지 아주 큰 문제점이 있다면 그 장면 속에선 그 어떤 소리도 들리지 않는다는 점이었습니다. 멋지다는 말로 감히 그 강연장을 표현할 수 있기나 할까요. 나의 꿈이 생생히 그려지는 그 무대, 그 곳에서 나는 과연 어떤 이야기를 청중에게 들려주고 있었을까요. 내 마음속에 자리잡은 그 커다란 물음표는 언제나 나를 가슴뛰게 했지만 한편으론 답답하게, 또 괴롭게도 했습니다. 나는 나의 이야기를 찾아야만 했습니다. 오직 내가 들려줄 수 있는 이야기, 나의 삶이 담긴 이야기, 그리고 강연장을 찾은 선생님들의 마음에 닿아 그들을 좀 더 나은 교사로 성장할 수 있도록 도울 수 있는 그 이야기를요.

수업지도, 학급경영, 업무처리…. 그 외에도 정말 다양한 이야기들이 학교 안에 존재합니다. 그리고 하나같이 너무나도 빛나고 각양각색의 매력을 품고 있습니다. 나의 이야기를 찾아야겠다는 마음으로 학교 안을 헤매던 지난 시간들은 마치 매일이 선을 보러 나가는 구혼자의 마음과도 같았습니다. 어느 날은 교실놀이와 사랑에 빠졌다가 또, 어느 날은 특수교육에 마음을 빼앗기기도 했습니다. 교육연극을 익혀볼까 하다가 어느새 한글지도, 기초학습 부진학생 지도에 몰두하기도 했습니다. 도대체 어떤 것이 나의 이야기일지 알 수 없었기에 무엇이든 진지하게 매달려볼 수밖에 없었습니다. 그런 시간들이 내게는 참으로 길고 길었습니다.

비록 매일매일이 어디로 가야 할지 몰라 서성이는 날들의 연속이었지만, 그럼에도 불구하고 나의 하루하루는 언제나 강의하기 일주일 전이었습니다. 어떤 강의를 하게 될지도 모르면서 그래도 막연히 준비는 되어 있어야 한다고 생각했습니다. 내게 기회가 왔을 때 아무것도 준비해놓지 않으면 그 기회는 내가 아닌 다른 이를 찾아 나설 것임이 분명하기 때문입니다. 만일 이 세상에 인간에게 행운과 기회를 전해주는 존재가 있다면, 아마도 그 존재는 아무렇게나 행운과 기회를 이 땅에 흩뿌리지는 않을 것입니다. 고르고 또 고르고, 신중하게 고민한 끝에 행운과 기회를 전해줄 것입니다. 그래서 나는 마땅히 그것을 받을 자격이 있는 사람이 되어 기다려야 한다고 생각했습니다. 그래서 끊임없이 나의 꿈을 갈구했고, 그에 합당한 노력을 하려고 애썼습니다.

조금씩 매일, 그리고 꾸준히

내가 꿈꾸는 나를 만나기 위해 내가 가장 먼저 해야 할 일은 체력을 기르는 일이었습니다. 어릴 때부터 나는 잠이 참 많았습니다. 어떤 날은 어머니가 오전 10시 무렵 잠들어 있는 나를 보고 외출한 뒤, 오후 4시쯤 돌아오셨는데 그때까지 여전히 내가 이불 속에 그대로 누워 있어 깜짝 놀란 일이 있었습니다. 그렇게 많이 자고도, 밤이 되면 또 깊은 잠에 빠져들었습니다. 단순히 잠이 많다고 하기엔 좀 심각한 수준이었고, 근본적으로는 체력이 바닥이라는 것이 가장 큰 원인이었던 것 같습니다. 내가 꿈꾸는 나를 만나기 위해서 내가 하고 싶은 일, 그리고 해야 할 일은 정말 많았습니다. 그리고 그 모든 것을 해내려면 그것을 감당할 수 있는 건강한 몸이 필요했습니다. 어떤 일을 하다가 쉽게 지치고 짜증이 나고, 모두 다 그만두고 싶어지는 것은 체력의 문제라는 '미생'의 주옥같은 대사도 운동을 시작하기로 한 결심에 크게 한 몫 했습니다.

일과 육아를 병행해야 했기 때문에, 내가 마음대로 사용할 수 있는 나의 시간은 오직 새벽뿐이었고, 그때부터 새벽 운동을 시작했습니다. 세상에서 잠자는 것이 제일 좋은 내가 모두가 잠들어 있는 그 고요한 시간에 눈을 뜨고, 자동차에 시동을 걸고 헬스장으로 간다는 것은 정말로 엄청난 결단의 실행이었습니다. 그리고 그 결심을 지켜내기 위해 정말 이 악물고 버텼습니다. 딱 21일만 포기하지 않고 버티면 습관으로 만들 수 있다는 말에, 처음 운동을 시작하고 21일간은 무슨 일이 있어도 스스로 정한 새벽 운동 규칙을 지키려고 노력했습니다. 새벽 5시, 자동차에 시동을 걸기 위해 주차장에 나가면 까만 밤하늘에 별들이 총총 빛나고 있었고, 그 별들을 바라보며 '오늘도 온 우주의 기운으로 나를 응원해줘서 정말 고마워.', '나는 내가 원하는 일들을 모두 이루었어. 정말 고마워.'라고 인사하고는 헬스장으로 향했습니다. 처음 운동을 시작했을 때는 정말 조금만 운동을 해도 기진맥진이었습니다. 차라리 운동을 하기 전의 내가 더 활력이 넘치는 사람이라고 느껴질 정도로 운동습관을 기르는 것은 어려운 일이었습니다. 내가 너무 낮은 단계에서 헤매고 있자 헬스장 총무님께서도 이렇게 해보라, 저렇게 해보라 알려주셨지만 소용없는 일이었습니다. '저는 지금 이게 저의 최선이예요….'라고 말하며 끙끙대는 나를 애처로운 눈길로 바라보시던 총무님의 모습은 지금도 생생히 떠오릅니다. 이렇게 운동을 계속하는 것이 과연 잘하는 일일까, 고민하던 어느 날이었습니다. 이제는 포근함을 넘어 뜨겁게 내

리쬐는 5월의 태양볕 아래, 학교에서는 어린이날을 맞이하여 체육행사를 했습니다. 오전 내내 행사를 하고 오후가 되자 선생님들의 표정에 지친 기색이 역력했습니다. '아⋯. 너무 힘들어. 지금이라도 당장 퇴근하고 싶어.' 괴로워하는 선생님들 사이에서 나는 나의 몸에 감도는 이상한 기운을 느꼈습니다. '어? 왜, 힘들지 않지? 왜.. 왜 괜찮은 거지?' 아이들과 한데 어울려 온몸을 다해 체육 활동을 했음에도 불구하고 피곤하고 지치는 느낌이 들지 않았습니다. 맙소사! 내 인생에 단 한 번도 이런 느낌을 가져본 적은 없었습니다. 단 한 시간이라도 아이들과 함께 체육을 하면 그보다 몇 배는 쉬어야만 간신히 회복되던 체력이 나도 모르는 사이에 어느새 정말로 좋아지고 있었던 것이었습니다. 새벽에 1시간 정도, 짧은 시간이지만 꾸준히 운동을 한 것이 전부인데, 체력은 예전보다 몰라보게 좋아져 있었습니다. 작은 노력이지만 꾸준히 지속하는 것의 위대함을 온몸으로 실감했던 순간이었습니다.

지금도 여전히 새벽 운동을 하고 있지만, 나는 여전히 몸짱과는 거리가 먼 모습입니다. 체력이 너무 좋아서 지치지 않고 쌩쌩 날아다니는 것도 아닙니다. 단지, 예전의 나보다 조금 더 좋아졌을 뿐입니다. 한 번에 할 수 있는 스쿼트의 개수가 조금 더 늘어났고, 중량을 조금 더 올려 근력운동을 할 수 있게 되었습니다. 저녁만 되면 지치고 피곤해져 아이들에게 짜증을 많이 냈었는데, 이제는 조금 더 웃어주고 다정히 이야기할 수 있습니다. 여전히 목표는 턱걸이 1개 성공하기이지만, 그래도 반드시 언젠가는 할 수 있으리란 것을 지나온 시간들을 통해 알게 되었습니다. 내가 포기하지 않고 매일 조금씩 노력하고 있기 때문입니다. 그러나 한 가지 단점이 있다면 이제는 모든 알람을 끄고 푹 잠을 자자고 마음먹어도 새벽, 운동시간만 되면 무조건 눈이 떠진다는 것입니다. 습관의 힘이란 정말 강력하다는 것을 새벽 운동을 통해 가장 크게 느꼈습니다.

운동과 더불어 가장 꾸준히 하려고 노력한 것은 바로 독서였습니다. 독서는 나의 내면 가장 깊숙한 곳, 밑바닥에 존재하는 허영심과 맞닿은 곳에 그 뿌리가 있습니다. 어린시절부터 나는 심심할 때면 도서관에 가서 책을 빌렸습니다. 어린이의 종종 걸음으로 걸어서 20~30분 정도의 거리에 도서관이 있었음에도 불구하고 참 꾸준히도 도서관에 다녔습니다. 도서관에 있는 책들을 둘러보며 유명한 제목의 책이면 한번씩 빌려보았고, 어린이 도서가 아니더라도 끌리는 제목, 멋져보이는 제목이 있으면 책을 빌렸습니다. 그 책을 그 어린시절부터 모두 읽었더라면 참 좋았을텐데, 아쉽게도 나는 언제나 책의 처음 2~3장 정도만 읽고는 덮어두었습니다. 그리곤, 책 가장 뒤쪽에 있는 도서대출카드에 내 이름이 적혀 있는 것을 보며 뿌듯해하곤 했습니다. 가끔 마음에 드는 책이 발견되면 끝까지 읽기도 했지만 그것은 정말 몇 권 안 되었습니다. 단지, 도서관에 자주 가는 일, 도서관에 들러 책을 빌리는 나를 바라보는 주위의 시선, 그것을 즐기던 시절이었습니다. 그러나 그럼에도 불구하고 언제나 읽지 않았던 그 많은 책들을 사랑하고, 또 좋아했습니다. 그러지 않고는 그렇게 꾸준히 도서관에 가지는 못했을 것입니다.

제대로 된 독서를 시작해야겠다고 마음먹었을 때는 내가 꿈꾸는 나를 만나러 가려면 이대로 살아선 안 되겠다고 절실히 느꼈을 무렵이었습니다.

꿈은 언제나 꿈꾸는 사람을 가만히 내버려 두지 않습니다. 가슴 벅찬 설렘을 주는 것도 잠시, 이렇게는 안 된다고, 이 정도로는 부족하다고 언제나 자기 자신을 채찍질하게 만듭니다. 한때 나는 언제나 꿈을 꾸는 나 자신을 참 많이 미워했습니다. '되는 대로 주어진 대로 그럭저럭 살고, 만족할 수 있는 사람으로 태어났다면 좀 더 행복하게 살 수 있었을 텐데….' 생각하며 아쉬워했습니다. 언제나 이곳을 떠나 더 넓은 세상으로 나아가야 한다고 외치는, 내가 감당하기엔 버거운 나로 인해 부단히도 애쓰며 지쳐 주저앉고 싶었던 날들은 또 얼마나 많았던지요. 하지만 그럼에도 불구하고 언제나 나는 괴로움의 순간에 멈추어 서지 않았습니다. 숱한 시련들 앞에서도 용기내어 일어서기 위해 노력했고, 할 수 있는 최선을 다해 순간순간을 헤쳐왔습니다. 그로 인해 이제는 편안하게 세상을 바라볼 수 있는 나만의 시각, 어떤 일이 생겨도 허둥

지둥 헤매지 않는 평온함을 가지게 되었습니다.

　　제대로 된 독서를 하기 전, 나의 삶은 모든 것이 이해할 수 없는 일 투성이었습니다. 사람들은 알 수 없는 이유로 싸웠고, 두 번 다시 서로를 돌아보지 않았습니다. 지켜야 할 사회 정의는 분명하게 존재하는데 웬일인지 사람들은 그런 것은 아무 상관이 없다는 듯 자신의 형편만 돌봤습니다. 평온하게 잘 지내오던 학교에서도 어느 날 뜬금없이 이제껏 해오던 일은 그만두고 새로운 일을 해야 한다고 이야기했습니다. 사회를 바라보는 전체적인 시각이 없던 시절, 내게 이 세상의 변화는 모든 것이 마른 하늘에 날벼락과도 같은 것이었습니다. 그러나 조금씩 조금씩 독서량을 늘려가고, 다양한 분야의 책을 읽기 시작하면서 세상을 이해하는 나만의 주관이 생기는 것이 어렴풋이 느껴졌습니다. 언제 어떤 일이 벌어질지 모르는 혼란스럽기만 한 세상 속에서도 모든 것을 관통하는 일종의 규칙 같은 것이 보이기 시작했고, 그 속에서 나는 어떤 것에 흥미를 느끼고 끌리는 지도 짐작할 수 있었습니다. 이미 하루의 모든 시간이 빈틈없는 일정으로 꽉꽉 채워져 있기 때문에 독서 시간을 따로 마련하기는 어려웠습니다. 그래서 틈나는 대로, 손에 집히는 대로, 그때그때 독서를 하려고 꾸준히 애써 노력했습니다. 항상 잘 보이는 곳에 책을 놓아두고, 퇴근하기 30분 전에는 컴퓨터를 끄고 반드시 독서를 한 후에 퇴근하려고 지금도 여전히 고군분투 중입니다. 나는 요즘 사회

과학 관련 서적을 가장 많이 읽지만, 가장 흥미로워하고 좋아하는 분야는 철학입니다. 어떻게 인생을 살 것인가 끊임없이 고민하는 나에게 철학은 그 고민을 함께 해주는 고마운 존재이기 때문입니다. 그러나 그럼에도 불구하고 나는 앞으로 사회과학 분야의 독서를 더욱 많이 하고 깊이 파고들 예정입니다. 이제 그것이 내가 나아가서 궁극적으로 만나야 할, 나의 꿈과 이어지는 길임을 알기 때문입니다.

간절한 마음이 모이고 모여

모든 일은 하루아침에 이루어지지 않았습니다. 나의 꿈과 만나고 싶다는 간절한 열망에도, 끊임없는 노력과 인고의 시간에도 불구하고 여전히 내가 그 멋진 강연장에서 선생님들께 어떤 이야기를 들려줘야 할지는 알 수 없었습니다. 그 당시 나는 답답한 마음에 한줄기 빛을 밝혀줄 자기계발 관련 서적들을 많이 읽고 있었는데, 우연히 그 속에서 이루고자 하는 일이 있다면 반드시 그 내용을 글로 써야 한다는 구절을 발견하게 되었습니다. 모든 것은 밑져야 본전이었습니다. 어차피 아무 것도 없는 상태였기에 할 수 있는 일은 모두 해보아야만 했습니다. 그 래서 간절히 바라고 그리는 일을 매일 100번씩, 100일간 쓰기 도전을 시작했습니다. 겨울방학 중 시작한 일은 새학기가 시작되도록 이어졌 고, 3월 학급세우기, 학급교육과정 설계와 동시에 내 마음 속 열망을 키 워가는 일은 쉽지 않았습니다. 그러나 포기하지 않고 끝까지 해내고 싶 었습니다. 아니, 해내야만 했습니다. 그리고 마지막 100일째 되던 날,

드디어 나에겐 기적과도 같은 일이 일어났습니다.

그 날, 나는 5일째 이어지는 고열에 시달리고 있었습니다. 아무리 해열제를 먹어도 체온이 38도에서 39도 사이를 오르락 내리락하는 통에 온몸은 떨리고 어지러웠습니다. 그럼에도 불구하고 내가 없으면 학생들이 엄마를 잃고, 비오는 날 우산도 없이 길가를 헤매는 강아지처럼 쓸쓸하리란 망상과 집착으로 하루하루를 버티고 있었습니다. 방금이라도 쓰러질 것 같았지만, 내가 가진 모든 힘을 다해 학생들을 가르치고, 이어서 교내 전문적 학습공동체 모임에도 참석했습니다. 독서한 내용을 바탕으로 이야기를 나누는 자리였는데, 역시나 고열로 인해 제정신이 아니던 나는 원하는 목표를 이루기 위해 얼마나 간절한 마음으로 진심을 다해야 하는지에 대해 울분이 섞인 마음으로 횡설수설 늘어놓았습니다. 평소 내성적인 성격이기 때문에 절대 제정신이라면 하지 않았을 이야기들이었는데, 고열로 인해 그동안 내 안에서 나를 행복하게도, 괴롭게도 하는 나의 열망에 관한 이야기들이 쏟아져나왔던 것이었습니다.

그리곤 가만히 이야기를 듣고 계시던 선생님 한 분이 내게 이렇게 말씀하셨습니다. "선생님, 내가 계획하는 프로젝트가 있는데 함께 해 볼 생각이 있나요?"

본능적으로 느낄 수 있었습니다. 내게 다가온 이 기회를 반드시 잡아야만 한다는 것을요. 그때 선생님께서 제안하신 일은 현장교사들이 주축이 되어 교육에 관해 이야기하는 책을 써보자는 것이었습니다. 당시 함께 읽고 느낌을 나누던 책 속에 담겨있던 아이디어에서 원고의 주제도 찾아낼 수 있었습니다. 이 엄청난 프로젝트를 잘 해낼 수 있겠다 자신이 있었던 건 아니지만, 함께 하자고 제안해주신 일을 반드시 성공적으로 완수하고 싶은 마음만큼은 진심이었습니다. 그래서 책 집필을 준비하는 기간 내내 아침에 일어나는 시간을 5시에서 4시로 당겨 새벽부터 자료를 수집하고, 읽고, 정리하고 원고를 작성했습니다. 어느 날은 너무 신이 난 마음에 새벽 3시부터 눈이 떠지는 바람에 그때부터 하루 일과를 시작하기도 했습니다. 그럼에도 불구하고 피곤하고 지치기는커녕 행복하기만 했습니다.

나는 잘하는 사람이 아닙니다. 그저, 잘하고 싶어하는 사람에 불과합니다. 오래전, 한 문화센터 강습에 참가하여 티슈보관함을 만들었던 적이 있습니다. 미술에 재능이라곤 눈 씻고 찾아봐도 없는 나는 보관함을 한 가지의 색으로 색칠하는 것만으로도 끙끙 거렸고, 장식품을 배치하여 붙이는 것은 더욱 어려웠습니다. 어느 하나 쉬운 것이 없어 매 순간순간이 고난의 연속이었습니다. 하지만, 나는 그럼에도 불구하고 잘하고 싶었습니다. 그래서 내가 할 수 있는 최선을 다해 작업에 매달렸습니다. 그러자, 다른 이를 도와주고 계시던 강사님께서 나를 바라보며 애처롭게 말씀하셨습니다. '아휴... 수업 끝나서 이제 정리하고 가야 하는데…, 너무 열심히 하는 게 안쓰러워서 갈 수가 없네.'라구요. 그리곤 나를 향해 도움의 손길을 내밀어 주셨습니다. 티슈보관함은 역시 강사님의 손길이 들어가서인지 훨씬 훌륭하게 완성되었습니다. 나는 그때, 한 가지 중요한 깨달음을 얻었습니다. 모든 일을 내가 다 잘할 순 없다. 그리고 잘하기 위해서는 누군가의 도움이 필요하다. 누군가가 정말로 도와주고 싶은 사람, 이 사람은 꼭 외면하지 말고 도와줘야겠다는 마음이 드는 사람, 나는 그 정도만 되어도 내가 하고자 하는 일을 훨씬 더 멋지게 해낼 수 있다는 것을요.

나는 여전히 부족합니다. 빈틈이 많고, 헷갈리고 헤맵니다. 하지만, 그 누구보다 열심히, 진심으로 노력했기에 프로젝트를 제안해주셨던 선생님은 나를 믿고 끝까지 함께 해주셨고, 정말 많은 도움을 주셨습니다. 그리고 책은 성공적으로 완성될 수 있었습니다.

그리고 진심을 다해 매달렸던 집필 원고의 주제는 이제 나의 강의 주제가 되었습니다. 책이 출간되고 한 달 남짓 지났을 무렵, 모르는 번호로 수신된 전화 한 통을 받았습니다. 전화기 너머로 들려오는 낯선 목소리는 어딘가 격앙되어 있었고, 나를 찾기 위해 충남에 있는 신혜영이라는 사람에게 모두 전화를 걸어 보았다고 이야기했습니다. 그리고는 연수원에 와서 강의를 해줄 수 있냐고 물었습니다.

"… 생각을 좀 해봐도 될까요."

가장 먼저 나온 대답은 생각해보고 싶다는 말이었습니다. 내 교직 인생의 모든 염원을 담아 이 순간을 기다려왔다고 말할 순 없는 노릇이 었으니, 일단 내 마음을 좀 진정시켜야 했습니다. 그리고 잠시 마음을 가다듬은 후, 겨울이 한창일 무렵 연수원에서 뵙겠다고 답변을 드렸습 니다.

내 앞에 주어진 길을 최선을 다해 가다보면

내가 아는 정말 많은 사람들이 비슷한 질문을 가슴속에 품고 살아갑니다. '도대체 어떤 분야에 열과 성을 다해 매달려야 하지? 나는 어떤 것에 열정을 가져야 하지?' 나 역시 이 질문에 답을 찾기 위해 정말 오랜 시간 동안 방황하고 괴로워했습니다. 그리고, 그 길이 무엇인지 어렴풋하게나마 발견한 지금, 분명하게 말할 수 있습니다. 지금 자신의 앞에 주어진 일에 최선을 다하라고요. 정말 아무 의미없이 괴롭기만 하다고 생각했던 일들이 사실은 내가 도달하고자 하는 목표지점으로 가기 위해 반드시 내가 거쳐야만 하는 치밀하게 설계된 경로였음을 결국, 반드시 알게 되는 날이 반드시 올 것입니다. 나도 그러한 과정을 통해, 정말 오랜 시간을 돌고 돌아 나의 길을 찾아 이제 막 첫걸음을 떼었습니다.

내가 공부하고 더욱 발전시켜 전문가가 되길 희망하는 분야 앞에서 나는 여전히 작고 초라하기 그지없는 존재입니다. 하지만 나는 어떤 일을 하고 싶지만 도전하기 두려울 때 종종 배우 윤여정 씨를 떠올립니다. 지금은 너무나도 출중한 연기력으로 자신만의 지평을 열어가고 있는 분이지만, 그분에게도 모든 것을 시작하는 '처음'이 분명 존재했을 것입니다. 배우가 되고자 하는 사람들은 이 세상에 차고 넘쳤을 테고, 그 중에 이미 유명하고 널리 알려진 사람들도 많았을 것입니다. 그 세계에서 감히 최고가 되고자하는 마음조차 부끄러웠을 수 있었을 것입니다. '나보다 잘하는 사람이 이렇게 많은데.. 내가 할 수 있을까? 난 안될 거야...'라고 생각했다면 오늘날의 배우 윤여정이 있을 수 있을까요. 감히 생각해보건대 그분은 누구보다 자신의 일을 사랑했을 것입니다. 그리고 연기를 잘하는 정말 많고 많은 사람들 중에서도 노력하기를 포기하지 않았을 것입니다. 그러한 과정 속에서 오늘날의 배우 윤여정이 있다고 생각합니다.

내가 하고자 하는 일에도 역시 이미 너무나 잘하는 사람들이 이 세상에는 가득합니다. 세상 전체를 바라보면 나는 너무나 초라하고 작기 그지없습니다. 내가 꿈꾼다는 사실조차 이 세상에 내어놓기가 부끄러울 정도입니다. 그럴 때, 언제나 나는 단 한걸음만 나아가려고 생각합니다. 전체 큰 그림을 보면 압도당하고 두려워서 도저히 한걸음도 나아갈 수가 없습니다. 그럴 때는 진짜 딱 한걸음만 내딛어야 합니다. '오늘 한걸음만 내딛는다, 그게 전부다.'라는 마음으로 걸어가야만 두려움에 압도당하지 않을 수 있습니다. 나는 오늘도 너무나 초라하고 작지만 여전히 쉬지 않고 한걸음씩 나아가고 있습니다. 그 발걸음이 언젠가 나라는 존재를 아주 크게 만들어줄 것이고, 내가 꿈꾸는 나의 꿈 앞에서 더 이상 초라하지 않은 존재가 되게 해줄 것입니다. 오직 밤하늘에 빛나는 별을 바라보며 나아가되, 정말 단 한걸음을 조금씩, 매일, 꾸준히. 그것이면 됩니다. 나는 이 땅에서 살아가는 동안 반드시 내가 꿈꾸는 모든 일을 이루어낼 것입니다. 그리고 아무런 아쉬움도 남기지 않은 채 내가 살아온 이곳을 떠날 것입니다. 그것이 내가 이 세상에 온 이유이고, 내가 어렵고 힘듦에도 불구하고 버텨야 하는 이유입니다.

내가 좋아하는 철학자 니체는 '영원회귀사상'이란 생각을 세상에 내어놓음으로써 사람들을 깜짝 놀라게 했습니다. 우리의 인생이 단 한 치의 오차도 없이 똑같이, 영원히 반복된다는 가정을 바탕으로 인생을 바라보는 시각입니다. 인생은 무한히 윤회하는 것이고, 내가 바로 오늘 한 일은 내가 영원히 반복해야 하는 삶 속에서 언제나 같은 모습으로 끝없이 나타납니다. 아무 의미없이, 생각없이, 목적 없이 흘려보낸 나의 시간들이, 잠자리에 누웠을 때 도저히 이불을 걷어차지 않고서는 견딜 수 없는 어리석은 행동들이 생을 건너 다시 무한히 반복된다면 과연 나는 이대로 계속 살아도 괜찮은지 생각해보게 합니다. 나는, 단언컨대 그런 삶을 살고 싶지 않습니다. 무한히 반복되는 것은 어리석고, 지우고 싶고, 되돌아보고 싶지 않은 순간들이 아니라 삶의 에너지로 충만한, 너무나도 소중한 시간들이었으면 합니다. 그리고 무엇보다 언젠가 반드시 이 세상을 떠나야 하는 그 순간이 올 때, '해보고 싶은 일들은 모두 해보았어. 이제 난 더 이상 아무런 미련이 없어. 그동안 정말 즐거웠어.' 라고 말하며 가벼운 마음으로 뒤돌아서고 싶습니다. 한 번 뿐인 나의 인생을, 생에 대한 간절한 에너지로 채우고 싶은 것이 나의 영원한 바람입니다.

나는 반드시 해냅니다. 언제나 일을 시작할 때, 그 일을 모두 이루고 만족스러운 미소를 짓고 있는 나의 모습을 떠올립니다. 가까운 미래의 나는 이미 모든 일을 해냈고, 내가 오기만을 기다리고 있습니다. 나는 그저 이미 모든 것을 이루어낸 나를 만나러 가는 그 길을 찾기만 하면 됩니다. 일단 가보는 겁니다. 가다가 이 길이 아니라고 생각되면 다시 돌아와서 가만히 생각해본 후 다시 길을 찾아 나아가면 됩니다. 계속 나아가기를 포기하지 않는 것, 반드시 이 길의 끝에 모든 것을 이루어낸 내가 있다는 믿음. 그것이면 충분하다고 생각합니다.

강연자가 되는 것이 나의 삶의 오직 하나의 꿈은 아닙니다. 나는 그 길을 지나 더 넓은 세상으로 나아갈 것입니다. 한때 나는 작고 여린 내가 상처받을까 두려워 나를 보호하기에 급급하기도 했습니다. 그러나 나를 보호한다고 여겼던 그 모든 시간과 선택들이 실은 내가 세상으로 나아가는 데 가장 큰 걸림돌이었습니다.

　이제 나는 나를 이 세상으로 내보냅니다. 상처받고 다치고 넘어지더라도, 나아가 부딪히며 그 모든 순간을 '나의 이야기'로 만들기를 응원하며 바라볼 것입니다. 모든 일은, 생각했던 것보다 괜찮을 것입니다. 지나고 보면 그런 일도 있었지 하며 미소짓는 순간이 올 것입니다. 언제나 걱정했던 것보다, 두려워했던 것보다 괜찮을 겁니다. 한 치 앞도 안 보일 것 같지만 막상 안개 속에서도 한걸음은 내딛을 수 있음을. 그렇게 한걸음 한걸음 가다보면 결국은 도착하게 될 것이라는 것을, 지금의 나는 알고 있습니다.

06

나를 기다리는, 나에게로

나는 지금도 매일 나를 만나러 갑니다. 조금씩 매일, 꾸준히 그렇게 부단히 나아가고 있습니다. 내가 걸어가는 길 끝에는 이미 모든 걸 해내고 이루어낸 내가, '그동안 달려오느라 힘들었지? 나도 너를 정말 만나고 싶었어.'라고 말하며 나를 반겨줍니다. 나는 오랫동안 만나기를 고대했던 나를 만나 끌어안고, 차오르는 눈물을 흘리고 또 흘립니다.

viva la vida. 인생이여 만세. 언젠가의 멕시코 화가, 프리다 칼로가 그랬던 것처럼.

고통으로 가득했던 생을 마감하던 그 순간에마저 '인생이여 만세'를 외치던 생에 대한 강렬한 의지로.

오늘도 조금씩, 매일, 꾸준히 나는 나아갑니다. 두 번 다시는 돌아오지 않을 나의 인생을, 나는 사랑합니다.

작심3초에서
프로조매꾼이 되기까지

서보금

끊기 말고 '끈기'의 중요성

선생님으로서 말하기 부끄럽지만, 학창 시절 저는 열정은 많지만 제대로 하는 게 하나도 없는 학생이었습니다. 정확하게는 어떤 유의미한 결과를 만들어 내지 못한다고 해야겠습니다. 우리가 한국사를 공부할 때 조선시대까지도 넘어가지 못하고 끝없이 석기시대를 맴돌고 있는 것처럼 말이죠.

하루는 공부하다 잘 풀리지 않아 모범생, FM, K-장녀의 수식어가 하나도 어색하지 않은 저의 언니에게 고민 상담을 요청했습니다.

"언니, 나는 영어시험을 왜 이렇게 못 쳤을까?"
"네가 저번에 한다고 했던 하루 한 장 단어 외우기는 하고 있어?"
"아니…. 안 맞는 것 같아서…."
"그거 3일도 안 되지 않았나?"
"그렇긴 하지."

"넌 정말 작심삼일이 아니라 작심삼초다! 작심삼초!"

언니의 말을 듣고 발끈해 "작심삼초 아니라고!!" 고래고래 소리 지르며 엉엉 울었습니다. 울면서도 언니 말이 틀린 게 하나 없다는 생각이 드니 더 서러웠습니다. 그 이후 조금은 달라졌지만, 큰 변화는 없었습니다.

그렇게 성인이 되었습니다. 학창 시절부터 여러 가지 하고 싶은 것이 많아 핸드폰 메모장에 떠오르는 생각들을 적어두곤 했습니다. 어릴 적부터 창의적인 일을 동경했었고, 광고 기획, 마케팅, 경영 쪽에 관심이 많았습니다. 그렇게 떠오르는 생각들을 적어 보며 나는 기획자가 잘 어울린다고 생각하였습니다. 내가 아이디어를 내면 이를 남이 구체화해 줬으면 좋겠다고 생각했습니다. 그런데 현실은 생각만 하고 내가 행동으로 옮기지 않으면 아무 일도 일어나지 않았습니다. 즉, 내가 생각한 것을 실현시켜 줄 수 있는 사람이 나밖에 없었습니다. 메모장에 적었던 내용을 찬찬히 살펴보니 결과물로 만들어 내기 어려운 것들이었습니다. 그래서 뜬구름 같은 이야기 대신 나에 대해 생각해 보고 느낀 것들, 해보고 싶은 것들로 조금씩 적어보기 시작했습니다.

적어보기 시작했다고 했지, 과거의 나는 또 실천하지 않았습니다. 그러면서 어느 순간부터 신년 목표를 세우는 것도 그만두게 되었습니다. 어차피 작심삼초인 나는 그해 연말까지 신년에 생각했던 목표를 떠올리지도, 이루지도 못할 것을 알았기 때문일까요. 계획을 세우지 않으니 마음은 가벼웠지만 내 하루하루는 중구난방 눈에 보이지 않는 정체 모를 누군가에게 끌려다니는 느낌이었습니다.

그래도 아예 행동으로 실천하지 않은 것은 아니었습니다. 앞서 말했듯이 하고 싶은 것이 많았던 사람인지라 단발성으로 할 수 있는 것들은 나름의 성과를 내었고, 무슨 일이든 열정적으로 임했습니다. 다만 불꽃처럼 화르르 타올랐다가 한순간 툭 꺼져버리는 느낌이었습니다. 결과가 눈에 바로 보이지 않으면 새로운 것을 찾아 떠나고 무엇인가 꾸준하게 하는 것이 없었습니다.

무엇인가를 꾸준히 하지 않아도 인생을 살아가는 데는 크게 지장은 없습니다. 그러니 지금까지 꾸준하게 무엇인가를 해야 할 필요성도, 실천도 하지 않았겠지요. 그러나 내 삶에서 행복 가득한 만족감을 느끼고 싶다면 '조금씩 매일 꾸준히(조매꾸)'하는 자세가 필요합니다. 우리가 하는 행위들의 반복 속에서 나의 관심사를 찾고, 진짜 모습을 마주할 수 있습니다. 이것은 자신을 제대로 이해하고, 내 삶을 긍정적으로 바라볼 수 있도록 합니다.

앞서 창의적인 것을 좋아하고 매사 열정적인 저는 일도 잘하고 싶고 놀기도 잘하고 싶은 요즘 세대 교사입니다. 그래서 누구에게나 서툰 초임 시절의 수업도 잘하고 싶고, 열심히 내 삶도 즐기며 살아가고 싶습니다. 교사의 본질은 수업이고, 수업을 꾸준히 연구하면서도 개인의 성취감과 창작의 즐거움을 찾을 수 있는 방법은 무엇일까 고민하다 교사크리에이터의 삶을 시작하게 되었습니다.

초임 교사 시절의 저는 아직 누군가에게 수업에 관해 이야기하기는 부담스럽다고 생각했고, 고심 끝에 유아임용을 준비한 과정부터 차근차근 영상으로 제작해 보았습니다. 처음 1년 열심히 운영한 만큼, 구독자도 금방 쑥쑥 늘고 성장했습니다. 그러나 2년 차가 되니 바로 소재 고갈의 문제를 겪었습니다. '이제는 유아교사로서 수업에 관해 이야기해 볼까?' 하는 생각이 들었지만 스스로 부족한 교사라고 느껴졌습니다. 이러한 고민을 지속할수록 영상을 올리는 것 자체가 두려워지기 시작했습니다. 그래도 포기하기는 싫어 조금씩 여러 시도를 해보며 열심히 올렸습니다. 그렇게 마의 구간이 찾아왔습니다. 교사크리에이터로 활동한 지 3년이 되었을 때 현실이 바쁘다고 회피해 버리며 영상을 거의 찍지 않게 되었습니다. 여러 SNS 플랫폼을 운영해 보기도 했지만, 얼마 못 가 시들해졌습니다. 모든 플랫폼을 어영부영 운영하다 또다시 마침표의 순간이 찾아왔습니다. 교사로서의 나의 특기와 수업 연구를 꾸준히 해보고자 시작했던 교사크리에이터 활동은 오히려 저를 작아 보이게 만들었습니다.

'나는 이것밖에 안 되는 사람인가?', '나는 왜 이럴까?', '나는 왜 안 될까?' 스스로 자책하며 탓하기 바빴습니다. 그러다 보니 현실을 마주하는 것이 두려워지고 자존감은 낮아졌습니다. 이래선 안 되겠다는 생각이 들었고, 잠시 온라인 세상에서의 공유를 멈추고 현재 눈앞에 펼쳐진 삶에 집중해 보고 일상에서 소소한 재미를 찾아보고자 하였습니다. 그러던 어느 날 자신을 돌아보고 성장시키는 미라클모닝에 대해 듣게 되었고, 때마침 조매꾸 팀을 운명처럼 발견하게 되었습니다. 저는 조매꾸 활동을 통해 매일 수업연구를 꾸준히 실천해 보고자 다짐하였습니다. 교실의 놀이흐름과 연결할 수 있는 관련 수업자료들을 조금씩 매일 꾸준히 찾아보는 시간을 가지며 스스로를 돌아보았습니다. 그 과정에서 새롭게 시도하고 싶은 일이 생기거나 다른 업무를 처리해야 할 때, 원래의 목표를 잊고 방향을 잃는 제 모습도 발견하게 되었습니다. 이러한 점이 꾸준하게 수업연구를 하기보다는 이것저것 접해보는 것에서 그치도록 만들었습니다. 제 모습에서 발견한 문제점을 확인하자 그동안의 행동을 수정하고 절제할 수 있는 메타인지가 높아졌습니다.

제가 하고 싶어서 시작했던 교사크리에이터 활동이 성과를 내지 못했던 이유는 끈기 즉, 꾸준함이 없어서였습니다. 조금만 해보고 실패감을 느끼면 바로 다른 것으로 바꾸고, 다른 것으로 바꿔서 안 되면 아예 하지 않기를 반복했습니다. 혹시 무언가를 할 때 항상 실패하는 것 같다고 느낀 적이 있다면 잠시 멈춰서 내가 지금 하고 있는 것을 얼마나 유지할 수 있을지 고민해 보십시오. 특히나 어떤 정해진 결과가 있는 것이 아니고 계속해서 돌보아야 하는 나의 삶에는 데드라인이 없습니다.

끈기를 만드는 우당탕 시행착오 과정

누구나 시작은 할 수 있지만 꾸준한 실천으로 유지하는 것은 어렵습니다. '조매꾸'가 평범함을 비범함으로 만들어 줄 수 있는 중요한 성공의 열쇠임을 이제서야 깨닫게 되었습니다. 미라클모닝을 실천해보겠다고 결심했지만, 시작은 쉬워도 결국 '유지'가 어려웠습니다. 제 이야기를 듣고 미라클모닝을 실천하고 싶은 분들을 위해 시행착오를 겪으며 느꼈던 과정을 함께 나누어 보고자 합니다.

하고 싶은 것을 찾아라

미라클모닝은 아침에 눈을 떠 사랑하는 사람의 연락을 확인해 보는 것과 같습니다. 사랑하는 대상과 자기 전 메시지를 나누고 잠자리에 들었습니다. 눈을 뜨자마자 상대에게 어떤 연락이 왔을지 두근두근하면서 메세지창을 열어본 적 있으신가요? 결국은 미라클모닝도 나를 설레게 하는 하고 싶은 것이 있어야 아침에 눈이 일찍 떠집니다. 내가 좋아하는 것이 무엇인지, 나는 어떤 것을 이루고 싶은지, 어떤 것에 관심이 있는지 꾸준히 고민해 봐야 합니다. 미라클모닝에서 사랑하는 대상은 자기 자신입니다. 스스로를 알아가는 시간으로 사용해 볼 수도 있고, 구체적인 목표를 계획해 볼 수도 있습니다. 하루 단위, 월 단위, 일 년 단위, 십 년 단위로 목표를 정해 조금씩 매일 실천하고 싶은 것을 생각해 보십시오.

꾸준하고 싶다면 함께 하라

아프리카 동부의 어느 마을에서 한 추장이 소년들을 모아 이야기합니다.

"여러분은 저기 보이는 산을 넘어가서 강물을 물통에 담아 와야 합니다. 사람마다 걸음걸이가 다르겠지만 나흘 안에 도착할 경우만 어른으로 인정하겠습니다."

추장의 말이 끝나자마자 소년들은 앞다투어 산으로 향했습니다. 한 소년이 다른 소년을 앞지르면 뒤에 있던 소년이 더 빨리 뛰어가 앞선 소년을 다시 앞지르는 경쟁이 벌어졌습니다. 그런데 맨 뒤에서 묵묵하게 걷던 두 소년이 있었습니다. 두 소년은 이따금 대화를 나누며 즐겁게 걸었습니다. 밤이 되었고 열심히 앞서 달린 소년들은 산꼭대기에 먼저 도착했지만, 캄캄한 곳에서 잠을 자려고 하니 맹수의 공격이 걱정되어 뜬눈으로 밤을 지새웠습니다. 그로 인해 다음날 매우 피곤한 몸을 이끌며 걷다가 졸기를 반복했습니다. 이에 비해 함께 걷던 두 소년은 교대로 보초를 서며 잠을 잤기에 피곤하지 않았습니다. 분명 두 소년은 첫날에는 가장 뒤에 있었지만, 이튿날에는 중간지점에 들었고, 강물을 물통에 담아 가장 먼저 마을로 돌아왔습니다.

아프리카의 속담으로 "빨리 가려면 혼자 가고, 멀리 가려면 함께 하라."는 말이 있습니다. 남보다 앞서가려고 한다면 혼자 가는 것이 더 나을 수 있습니다. 그러나 내가 지금 하는 행위를 오랜 시간이 지나서도 꾸준히 하고 싶다면 '함께' 해야 합니다. 수업 연구를 꾸준히 할 수 있는 기버(giver)로서의 교사크리에이터 삶을 유지하고자 가장 먼저 한 일은 '함께하는 사람 찾기'였습니다. 그래서 크리에이터 활동을 하는 선생님들이 모인 교사크리에이터협회에 들어가게 되었습니다. 이를 통해 다양한 자극과 배움을 경험하였습니다. 성장할 수 있는 환경에 들어가게 되자 미라클모닝을 함께 할 수 있는 조매꾸 모임을 자연스럽게 발견하였고, 주말을 포함해 한 번도 쉬지 않고 조매꾸를 실천할 수 있게 되었습니다. 쉬워 보이지만 꾸준함은 결코 우리가 생각한 것보다 쉽지 않습니다. 주말이나 전날 에너지를 많이 쏟으면 그 다음날 아침은 2배로 힘이 듭니다. 그러나 함께하는 조매꾸 멤버들의 아침인사와 기상인증을 보면 함께 그 행렬에 몸을 싣고 싶다는 생각이 저절로 듭니다. 혼자가 아니라는 생각이 들어 외롭지도 힘들지도 포기하지도 않게 됩니다. 내가 하고 싶은 일이 있다면 비슷한 목표를 가진 사람을 찾아 함께 걸어가 보십시오.

작은 실천으로 내 마음을 돌보라

아침 시간에 일어나면 무조건 발전적으로 보내야 하고, 성장해야 한다는 강박감에 사로잡히기도 합니다. 그러나 조금씩 매일 꾸준히 성장하기 위해서는 내 마음을 돌보고 가꾸는 시간이 기본적으로 제일 중요합니다. 그래서 긍정확언, 명상 등을 통해 자신의 마음을 가다듬은 후 일을 시작하는 사람들도 많습니다. 다른 방법으로는 잘게 쪼개어 여러 일을 실행하는 겁니다. 예를 들어, 긍정문구 필사 10분, 수업연구 30분, 경제기사 정독 1개 등 정말 부담이 가지 않을 정도로 진행하는 겁니다. 조매꾸를 실천하는 순간 성장은 따라오지만 마음에 여유가 있어야 능률이 오릅니다. 좋아하는 일이 자신에게 의무가 되는 순간 온전히 즐거운 마음으로 할 수 없게 될 것입니다.

'침대부터 정리하라'의 저자인 맥레이븐은 "매일 아침마다 침대를 정리한다면, 여러분은 이미 그날의 첫 번째 임무를 완수한 것입니다. 그 일은 얼마간의 자부심과 함께 다른 임무도, 또 다른 임무도 해낼 수 있다는 용기를 북돋아 줄 것입니다."라고 했습니다. 이는 작은 성공의 힘을 강조한 말입니다. 내가 할 수 있고, 크게 힘들이지 않고 해낼 수 있는 일을 시작하면서 나의 마음을 돌보고 정리하는 것입니다. 좋아하는 일에는 실패가 존재하지 않습니다. 즐거운 하나의 과정이고 이는 내 마음속에 포근하고 든든한 만족감을 심어줄 것입니다. 이를 시작으로 활기찬 오전을 보내게 된다면 내가 하고 싶은 일을 퇴근 후에도 꾸준하게 할 수 있는 원동력이 될 것입니다.

일정한 단위 숫자에 얽매이지 마라

이제 '나도 조매꾸 하고 싶다! 할 수 있겠다!'라는 생각이 스멀스멀 드실 겁니다. 그렇다면 바로 실행해 보십시오. 저는 새로운 일을 시작할 때 안 좋은 습관이 하나 있었습니다. 바로 특정 숫자에 의미부여를 한다는 것입니다. 예를 들어, 오후 12시 50분에 어떤 일을 해야 한다는 생각이 들었습니다. 그러면 '그래! 1시부터 시작하자.'라고 말하며 10분 뒤부터 그 일을 합니다. 신년목표를 실패해 다시 도전하는 것도 혹시 2월 1일부터 새롭게 시작해 보자고 다짐하지는 않으셨나요? 일단 그냥 하는 겁니다. 내가 마음먹은 그 순간이 가장 좋은 시작 지점입니다.

좋지 못했던 습관은 이제 과거형이 되었습니다. 작심삼초의 지난날은 안녕입니다. 떠오르면 실천하고, 떠오르면 다시 실천하고를 반복하니 어느새 저의 가장 큰 장점이 되어 있었습니다. 현재 주변 사람들에게 가장 많이 듣는 칭찬이 바로 '실행력이 좋다는 점'입니다. 이제 저는 생각하면 바로 합니다. 조매꾸도 그렇게 시작하고 지금까지 유지하고 있습니다.

일정한 수면시간을 확보하라

조매꾸를 시작하고 하루하루가 활력이 넘쳤습니다. 그런데 너무 활력이 넘쳐서일까요. 제 몸은 항상 각성상태였습니다. 열정 하나로 아침에 여러 일을 해냅니다. 점심에도 직장에서 여러 일을 해냅니다. 저녁에도 여러 일을 해냅니다. 뭔가 항상 뜬눈으로 지새우는 기분이었습니다. 미세한 눈깜박임조차 허용하지 않는 그런 느낌이 들었습니다. 아침에 조매꾸를 시작하니 저녁까지 하고 싶은 일들이 많아져 항상 일찍 자던 제가 새벽 1시 반 이후로 취침에 들기 시작했습니다. 결국 평일과 같은 패턴을 유지하기 어려워 주말에는 1시간 더 늦게 일어나야겠다는 생각이 들었습니다. 기상 시간은 같았기 때문에 수면시간이 줄어들면서 양질의 수면을 하지 못했습니다.

대한수면연구학회는 각자에게 필요한 수면시간은 개인마다 다르며 아침에 일어나서 피곤하지 않고 낮 동안 졸리지 않게 생활할 수 있는 수면시간이 개인에게 필요한 잠의 양이라고 말했습니다. 일반적으로는 성인은 평균 7~8시간이 필요하고, 어린이는 9~10시간이 필요하다고 합니다. 수면은 빠른 안구운동이 수면 중에 일어나는 렘수면(REM 수면)과 빠른 안구운동이 나타나지 않는 비렘수면(non-REM수면)으로 구성됩니다. 이때 비렘수면의 질이 중요한데 숙면을 유도하는 멜라토닌이 저녁 11시부터 새벽 2시까지 가장 활발하게 분비됩니다. 나이가 들수록 멜라토닌 분비가 적어 새벽녘에 잠이 깨면 쉽사리 잠들지 못합니다. 수면시간이 줄어들고 잠의 질이 떨어지게 됨을 유의해야 합니다.

어떻게 보면 잘 자는 것부터 하루의 시작입니다. 그래서 자정 전에 취침하려고 다시 노력하자 주말에도 조매꾸 시간을 미루지 않아도 되었고, 평일부터 주말까지 여행을 가더라도 평소와 같은 일정한 페이스를 찾게 되었습니다.

많이 하지 마라

하루를 마라토너처럼 보내야 합니다. 하루의 삶과 전체의 삶도 결국은 '오래달리기'입니다. 아이러니하게 오전에 많은 것을 해서는 안 됩니다. 미라클모닝을 할 때 우리도 모르게 과도한 목표를 설정하고 이를 행하려고 합니다. 하지만 우리의 하루는 깁니다.

누구에게나 그런 순간이 있지 않습니까? 지금이 아니면 안 될 것 같은 그런 느낌으로 최선을 다하는 것 말입니다. 조매꾸를 포함해 어떤 일이든 시작할 때가 가장 설레고, 의욕과 열정으로 한꺼번에 많은 것을 하고 싶어집니다. 그러나 며칠이 지나면 이내 식고 말죠. 마치 저의 작심삼초처럼 말입니다. 첫술에 배 부르려고 하는 것을 버려야 합니다.

고희영 작가가 쓴 '엄마는 해녀입니다'라는 그림책이 있습니다. 제주가 고향인 작가는 해녀의 이야기를 그림책으로 풀어내었습니다. 동화책에는 이러한 구절이 있습니다.

"우리들은 바다를 바다밭이라고 부른단다. 그 밭에서 전복 씨도 뿌리고 소라 씨도 뿌린단다. 아기 전복이나 아기 소라는 절대로 잡지 않는단다. 해산물을 먹어치우는 불가사리는 싹 다 치운단다. 바다밭을 저마다의 꽃밭처럼 아름답게 가꾼단다. 그 꽃밭에 자기 숨만큼 머물면서 바다가 주는 만큼만 가져오자는 것이 해녀들만의 약속이란다."

해녀들은 바다의 모든 양식을 한 번에 채취하지 않습니다. 바닷속에 들어가 오히려 씨를 심기도 하고, 바다를 가꾸고 돌아오기도 합니다.

바다는 절대로 인간의 욕심을 허락하지 않습니다. 해녀들은 마지막 숨에 이르기 전에 물 밖으로 나와야 합니다. 욕심을 부리면 그 마지막 숨을 넘어서게 되고, 이 순간 먹게 되는 것을 물숨이라고 합니다. 물속에서 숨을 먹는 순간 죽음으로 이어지게 됩니다. 그래서 욕심내지 않고 딱 자신의 숨만큼만 있다가 오는 해녀들의 모습 속에서 절제력과 삶의 지혜를 배웁니다. 바다는 욕심에 사로잡히는 순간 무덤이 되지만 이를 다스리는 순간 아낌없이 주는 어머니의 품으로 변합니다.

우리가 조매꾸의 말뜻 그대로 '조금씩 매일 꾸준히' 실천하는 삶을 살기 위해서는 하루의 시작이 사소해야 합니다. 이와 함께 우리가 생각해야 할 것은 해녀의 숨참기 능력과 일반인의 숨참기 능력이 다르다는 것입니다. 처음에는 작게 시작하는 겁니다. 그 작은 것이 모여 큰 것을 해낼 수 있을 때 처음에 크게 느껴졌던 것이 작아져 충분히 감당해 낼 수 있을 것입니다.

성장은 직선이 아니다

조매꾸를 시작하고 교사크리에이터 활동도 나름 꾸준하게 지속할 수 있게 되었습니다. 한편 저는 소재 고갈의 문제를 겪고 있었고, 비슷한 주제로 새로운 시도를 해보게 되면서 이와 맞지 않다고 생각하는 구독자들이 구독 취소를 하였습니다. '내 영상이 별로였나?', '어떤 점이 마음에 들지 않았을까?', '이 부분이 신경 쓰이나?' 등 하지 않아도 되는 생각이 꼬리에 꼬리를 물었습니다. 그런 생각이 든 것도 잠시 여러 시도를 하며 제가 하고 싶은 것들을 꾸준히 기록하며 시도했습니다. 다양한 시도를 해보며 성장에 대해 고민해 보며 세 가지 특징을 찾았습니다.

첫째, 성장은 계단식 그래프입니다. 혹시 '계단식 성장'이라는 말을 들어본 적이 있나요? 아무리 노력해도 변화하지 않을 것 같은 정체기를 겪다가 갑자기 계단을 올라가는 것처럼 수직으로 성장하는 것입니다. 이후 또다시 정체기를 겪고 수직성장을 하는 계단 모양의 성장이 반복됩니다. 일직선인 정체기 구간 중 수직성장을 하기 바로 직전이 가장 힘들고 버티기 어렵다고 합니다. 해가 뜨기 전이 가장 어둡다는 말처럼 말이죠.

둘째, 노력하는 정체기 기간의 가로선과 수직성장 하는 세로선이 비례하며 성장합니다. 시간과 노력의 정체기인 가로선이 길어지면 길어질수록 더 힘들고 지치게 됩니다. 대신 그것에 맞게 더 높은 성장을 이룰 수 있습니다. 그러나 실천하지 않는다면 성장이 아닌 멈춤으로 끝나게 됩니다. 최근 유행하고 있는 '원영적 사고'를 들어보셨나요? 아이브 멤버 장원영의 초긍정적 태도에서 나온 유행어로, 빵집에서 앞사람이 빵을 다 사서 기다려야 하는 상황에 오히려 새로 갓 나온 빵을 살 수 있어서 행운의 여신이 나의 편이라고 이야기를 한 영상이 화제가 되었습니다. 이 사고를 자세히 들여다보면 현실 상황을 파악하고 부정적인 부분이 긍정적인 결과가 될 수 있다고 인지하는 것을 확인할 수 있습니다. 정체기가 찾아왔을 때, 그에 상응하는 눈부신 미래를 떠올리며 스스로를 다독이고 긍정적인 생각을 말과 행동으로 표현해야 합니다.

셋째, 계단식 성장을 우리는 곡선으로 느낍니다. 그래서 성장하는 것이 분명하게 보이지 않아 자신의 현재 실력과 이상의 거리감에서 슬럼프가 찾아오는 것입니다. 정체 구간은 길어지고 눈은 자꾸만 높아질 때 그 차이에서 오는 슬럼프와 고통은 더욱 커지게 됩니다. 이러한 힘듦이 기쁨으로 돌아올 수 있도록 묵묵하게 성장할 때를 기다릴 수 있어야 합니다. 힘들다는 것은 변하고 있다는 것입니다. 변화한다는 것은 고통이 따릅니다. 고통과 성장은 함께 이루어집니다.

새로운 도전을 두려워하지 마라

조매꾸를 시작하고, 평소 길게 제작하던 영상 형식을 현대의 흐름에 맞춰 핵심을 빠르게 전달하는 숏폼 영상으로 새롭게 제작해 보게 되었습니다. 짧은 시간의 영상을 만드는 것이 더 쉬울 줄 알았지만 오히려 짧은 영상에 전달하고 싶은 내용을 담아내는 방법, 새로운 형식을 만들어 내는 것 등 고민하는 시간이 길어졌습니다. 다루는 방법이 익숙하지 않고, 디자인, 구성, 문구 등 여러 요소를 신경 써야 할 것이 많다 보니 어렵게 다가오기도 했습니다. 그러나 만약 제가 관심이 가는 것에 새롭게 도전해 보지 않는다면 앞으로의 다른 도전도 어렵겠다는 생각이 들었습니다.

저는 교직 경력 30년 이상 선생님과 3년 넘게 친한 동료로서 함께 일하고 있습니다. 이 선생님은 관리자를 포함하여 유아교육에서 할 수 있는 모든 직급을 경험해보시고 다시 교사를 선택해 만나게 된 소중한 인연입니다. 제 어머니 같으신 선생님은 항상 주변에 큰 영감을 주십니다. 대부분 퇴직으로 쉬고 싶은 마음이 큰데 이 선생님의 원동력은 무엇일까요? 교육에서의 새로운 발견과 배움이 자신을 즐겁게 만든다고 하셨습니다. 독수리 타자로 컴퓨터를 처음으로 익혔던 세대로서 어떻게 보면 빠르게 변화하고 있는 현대사회가 더 벅차게 느껴질 때도 있을 겁니다. 그러나 AI 관련 기사를 스크랩해 제게 보여주시고, 주변에 신기하고 배울 수 있는 순간이 생기면 항상 그 집단에 계십니다. 하루는 신입생 환영선물을 준비하면서 선생님께서 한글로 스티커 작업을 하고 계셨습니다. 옆에서 지켜보던 저는 선생님께 템플릿을 활용해 손쉽게 디자인할 수 있는 사이트를 알려드렸습니다. 선생님은 제 이야기를 듣자마자 바로 사이트에 접속해 스티커 일부를 직접 제작해 보셨습니다.

그 모습을 보며 무언가를 새롭게 시작하기에 늦을 때란 없다는 것을 다시 한 번 느꼈습니다. 새로운 도전을 두려워하지 않고 시도해 본다면 내가 할 수 있는 것들이 정말로 많아질 것입니다.

매일 하라

바로 실행하겠다는 생각이 들었다면 그것을 일주일에 3번 이상, 한 달에 1번 이상 등의 횟수로 정하지 마십시오. 해야 할 것을 잘게 나누어 매일 해보십시오. 그러므로 많이 하지 말고, 사소하게 하라고 말씀드렸습니다. 매일 반복하지 않으면 습관이 되지 않습니다. 습관의 사전적 정의는 어떤 행위를 오랫동안 되풀이하는 과정에서 저절로 익혀진 행동 방식을 의미합니다. 의식하지 않고 무의식으로 몸이 먼저 행하고 있을 때 꾸준하게 실천할 수 있습니다. 일주일에 3번을 하는 것과 일주일에 7번을 하는 것은 습관을 형성하는 절대적인 시간의 차이를 만듭니다. 일반적으로 평일에는 일하고, 주말에는 휴식을 취하는 것과 달리 조매꾸에는 휴일이 없습니다.

성장은 중력에 대한 저항과 같습니다. 우리 눈에 보이지 않는 몸과 마음의 변화는 계속 일어나고 있습니다. 그 변화가 긍정적이기 위해서는 꾸준한 노력이 필요합니다. 예를 들어, 몰아서 하루만에 7시간 운동을 한 사람과 일주일 매일 1시간씩 운동을 한 사람 중 어떤 사람이 앞으로 더 건강해질까요? 조매꾸는 시간의 흐름에 따른 성장을 담고 있습니다. 가만히 있으면 변화는 긍정적인 방향으로 흐르지 않습니다. 아무런 노력을 하지 않으면 성장의 근육은 약해지고, 체력은 떨어지며, 지식과 기술도 지속적인 학습과 연습이 없으면 저하됩니다. 이처럼 성장의 결과는 유지되지 않습니다. 중력이 모든 물체를 아래로 끌어당기듯이, 우리의 성장은 위로 밀지 않으면 점차 하락하게 됩니다. 따라서 진정한 성장은 정지라는 이름을 가진 중력에 대한 저항정신입니다. 우리는 도착지를 향해 갈 때까지 쉬지 않습니다. 걷거나 혹은 뛰거나 둘 중 하나입니다. 그러므로 일상에서의 긴 호흡을 유지할 수 있는 나만의 방법을 찾는 것이 필요합니다.

기록하여 결과를 도출하라

자기계발을 하다 보면 무엇인가를 계속 습득하고 공부하려고 합니다. 제가 수업연구를 하는 이유는 제 교실에 적용하고 아이들과 유의미한 교육 순간을 만들기 위해서입니다. 그래서 미라클모닝과 더불어 일부러 수업에 관해 연구할 수 있는 대회에 지원하여 다양한 아이디어를 떠올려보고 적용해보면서 결과물을 만들어 내고 있습니다. 그 속에서 저의 수업 특기를 찾아보고 목소리, 표정, 자세, 수업내용 등에 대한 집요한 연구와 영상 피드백을 해보고 있습니다. 교사크리에이터 활동과 더불어 대회를 진행하며 한 번이라도 더 유아의 놀이 사진을 통한 관찰을 토대로 유의미한 환경을 구성하고자 합니다. 실제적으로 수업에 적용해보며 저의 교육철학이 무엇인지 찾아보고 이에 대한 확신을 가지기 위해 노력하고 있습니다. 대회에 수업 영상을 제출하거나 콘텐츠를 만들면 제 수업방법과 업무 진행 과정을 촬영하면서 1번, 시청하면서 1번, 편집하면서 1번, 업로드하고 나서 1번 최소 4번 이상을 보게 됩니다. 정보를 전달해보며 또 한 번 스스로 배우고 결과물을 만드는 이 과정은 전문 서적을 탐독하고 지식을 쌓는 것과 또 다른 매력이 있습니다. 나의 행동에 대한 변화를 바로 이끌어낼 수 있습니다. 기록을 통해 보고 느낀 것을 정리해보세요. 매일 꾸준히 하고 있는 것을 확인하고, 나의 실천 과정과 결과를 시각화할 수 있습니다.

어쩌면 뻔한 이야기라고 느껴질 수 있지만, 조매꾸를 실천하면서 제가 겪었던 시행착오 과정을 다시 읽어본다면 공감과 영감이 찾아올 것이라고 확신합니다. 우리는 성공한 사람들의 특징을 떠올릴 때 번뜩이는 아이디어를 통해서 성공신화를 이루어낸다는 관념적인 생각을 합니다. 사실은 묵묵하고 꾸준하게 실천하는 능력이 더 큰 이유임에도 말입니다. 우리는 마치 꾸준함은 누구나 할 수 있는 것으로 생각합니다. 그 당연한 것이 사실은 가장 어렵고 우리가 놓치고 있는 본질입니다.

우리가 스스로 만족하지 못하는 이유는 결국 유지하지 못했기 때문입니다.

나는 매일 아침 넘어지려고 일어납니다

　　조매꾸를 실천하게 되면서 소소한 결과물과 다양한 감정이 일어났습니다. 매일 아침의 수업연구 시간을 통해 다양한 수업 방법을 시도하게 되었고, 제 생각을 정리하여 게시글과 영상, 현장에서의 나눔이 또 다른 실천으로 이루어지기도 했습니다. 더불어 저에 대한 특기를 발견하였고, 교사들을 위한 에듀테크 강의로 연결되기도 하였습니다. 유아 디지털 교육에 관해 관심을 가지고 연구해보면서 10년 이상의 고경력자 선생님들도 많이 나가시는 시도 수업 연구대회에서 약 3년차 경력으로 2등급을 수상하기도 했습니다. 이 성장의 결과는 기쁘기도 했지만, 좋아하는 일임에도 마냥 즐겁지는 않았습니다. 오히려 더 힘든 순간이 많았습니다. 조매꾸를 통해 이러한 고민의 순간이 왔을 때 한결같은 연구 자세와 성장을 멈추지 않으려고 노력했습니다. 교사크리에이터인 저는 아직도 참신한 수업을 찾아 고민하고 있으며 조회수와 구독자 이탈 걱정을 똑같이 하고 있습니다. 그러나 이제는 이를 감당해 낼 수 있는 제가 되었습니다.

'나는 매일 아침 넘어지려 일어나는구나.'

모든 것은 동전의 앞면과 뒷면처럼 좋아하는 것을 하는 것도 기쁨의 단면만 존재하지 않습니다. 행위에 대한 결과물이 나오기 때문에 이에 대한 복잡한 감정과 시행착오를 겪습니다. 좋아하는 일도 하다 보면 더 잘하고 싶습니다. 더 잘하고 싶으면 나보다 잘하는 사람이 눈에 들어오게 됩니다. 그러면서 스스로가 작아지는 순간들이 생깁니다. 이때 이러한 부정적 감정을 막아주는 것이 바로 조매꾸입니다. 왜냐고요?

모든 것에 감사하게 된다

조금씩 매일 꾸준히 무엇인가를 해보니 어떤 것 하나 소중하지 않은 순간이 아닌 것이 없습니다. 내가 노력하는 모든 것이 절대 작은 것이 아님을 알기에 이를 더 소중히 여길 수 있게 됩니다. 처음 무엇인가 시작할 때 결과는 미미합니다. 저 또한 영상을 올렸을 때 100회의 조회 수를 보며 실망하기도 했지만 반대로 '내가 하는 이야기를 100명이나 시청하다니….'라는 생각도 들었습니다. 나의 강의를 듣기 위해 100명이 왔다고 생각했을 때 강의실의 크기를 떠올려 보십시오. 이것이 쉬운 일인가요? 절대 아닙니다. 저는 단순히 인기 있는 크리에이터라는 불특정 준거집단과 비교하며 제 스스로를 낮게 바라보고 있었습니다. 나의 행동을 평가하기 위해서는 먼저 자신을 점검해야 합니다. 내가 속한 소속집단과 되고 싶은 준거집단을 건강하게 비교해야 합니다. 중심을 잃지 않고 스스로의 발자취를 되돌아보며 과거, 현재, 미래에 서있는 모든 순간의 나를 응원하게 되었습니다. 과거를 후회하지 않으며 현재에 최선을 다하고 미래의 나를 기대합니다.

이 책을 함께 쓰는 공동 저자 선생님들의 대단하고 화려한 경력을 보면서 내세울 것이 없는 제 모습에 움츠러들기도 했습니다. '내가 함께 해도 되는 걸까?' 하는 생각이 들었습니다. 그런데 우리는 각자 자신만의 색깔, 향기, 모양을 가진 꽃을 피워내고 있었습니다. 키가 큰 해바라기, 잔디밭에 조그맣게 피어난 들꽃 모두 같은 꽃입니다. 조매꾸로 한자리에 모일 수 있음에 감사함을 느끼며 내가 가진 이 평범함으로 나는 또 다른 공감의 이야기를 해볼 수 있겠다는 생각이 들었습니다.

메타인지능력이 길러진다

메타인지는 한마디로 자신을 제3자처럼 객관화하여 모니터링하고 조정하는 과정을 말합니다. 내가 아는 것처럼 느끼는 것과 정말 알고 있는 것을 구분하는 것이 바로 메타인지입니다. 조매꾸를 실천한다면 자신 내부에서 일어나는 모든 일을 주체적인 시각을 가지고 들여다볼 수 있게 됩니다. 메타인지가 높으면 실패하는 것도 두렵지 않게 되고, 일의 효율성이 올라갑니다. 가장 좋은 점은 나를 '올바르게' 사랑하게 됩니다. 나를 더 과장하지도 더 낮게 낮추어 보지 않고 있는 그대로의 본연의 나를 찾을 수 있도록 돕습니다. 어떤 일을 꾸준히 하면 그에 관한 생각도 많이 하게 됩니다. 어떤 점이 부족하고 어떤 점이 좋았는지 생각해 보게 되면서, 나 자신을 더 잘 이해하게 됩니다.

매슬로우의 5단계 욕구를 들어본 적 있을 겁니다. 생리적 욕구, 안전의 욕구, 사회적(사랑과 소속) 욕구, 존경의 욕구, 자아실현의 욕구 순서로 인간의 욕구가 일련의 단계를 형성하는 겁니다. 이때, 마지막 단계인 자아실현의 욕구는 자기를 계속 발전시키려고 하는 잠재력을 발휘하는 욕구입니다. 다른 욕구와 달리 욕구가 충족될수록 그 욕구가 더욱 증대됩니다. 이에 성장 욕구, 메타 욕구라고도 표현합니다. 자아실현의 욕구를 가지게 될 때 스스로를 객관적으로 바라보고자 하는 메타인지능력이 함께 따라온다는 생각이 들었습니다. 발전하기 위해서는 현재의 나의 강점과 부족한 점을 정확하게 파악해야 합니다. 부족한 부분을 솔직하게 바라보고 인정할 때, 이를 개선하기 위한 새로운 실천으로 이어질 수 있습니다.

결과보다 과정에 집중하게 된다

    교사크리에이터로 활동하면서 제가 가장 두려웠던 점은 남에게 인기가 없는 모습을 고스란히 보여줘야 한다는 것이었습니다. 조매꾸를 통해 여러 일을 해내면서 단순히 수치에 의한 결괏값이 아닌 그 과정을 온전히 존중하고 소중하게 여길 수 있게 되었습니다. 영상 하나를 올리기 위해 글감 선정, 대본 쓰기, 촬영, 편집, 썸네일 제작 등의 과정을 거치게 됩니다. 공정과정이 길다 보니 그만큼의 성과가 나오지 않으면 실망도 커지게 됩니다. 그러나 이 과정 하나하나를 음미하고 즐기니 그 과정에서 부정적인 감정 대신 긍정적인 감정으로 조금씩 채워지기 시작했습니다. 삶을 살다 보면 좋은 결과보다 넘어지는 순간이 더 크게 다가올 때가 많습니다. 그래서 이 과정에 집중하는 것이 쉽지 않다는 것을 알기에 조매꾸를 통해 이를 계속 되새기려 합니다. 아이러니하게도 저는 '성공한 실패'를 꿈꿉니다. 인생에서 무한한 것은 없고, 각자의 삶을 등반 후 하산해야 하는 순간이 옵니다. 제가 어느 순간 조매꾸를 하기 어려워질 수도 있습니다. 그러나 어떤 형태로든 조매꾸를 통해 길러진 습관은 이어질 것입니다. 노력하는 과정에 집중한 그 순간이 나의 전체 삶의 태도를 만들어 주기 때문입니다.

실패가 아닌 경험이 된다

조금씩 매일 꾸준히 수업연구를 하고자 했던 저는 교사크리에이터 활동을 통해 틈틈이 결과를 기록했습니다. 그런데 기록하면서 스스로를 실패했다고 생각하고 있었습니다. 하트수, 저장수, 좋아요수 등에 따라 교사로서의 제 자질을 평가하고 잘했다, 못했다로 나누기도 했습니다. 박노해 시인의 '잘못 들어선 길은 없다'라는 시 구절 중 이런 대목이 있습니다.

삶에서 잘못 들어선 길이란 없으니
온 하늘이 새의 길이듯
삶이 온통 사람의 길이니
모든 새로운 길이란
잘못 들어선 발길에서 찾아졌으니

교육에서 어떤 것이 맞는 길일까요? 옳고 그른 길은 없습니다. 뉴턴이 떨어지는 사과를 보고 중력을 발견했듯이, 아르키메데스가 목욕하다 넘치는 욕조 물을 보고 유레카를 외친 것처럼 우연한 기회에 또 다른 발견이 이루어집니다. 교사크리에이터의 길을 시작한 것이 잘못이라고 여길 때도 있었습니다. 그러나 이러한 경험을 통해 교육에 대한 끊임없는 고민을 하고, 다양한 인연과 기회를 만들었습니다. 어쩌면 스스로 실패했다고 생각한 것이 사실은 우리를 단단하게 만들어 주는 자양분이 될 수 있습니다.

P에게 하는 일침: 반복의 중요성

저는 즉흥의 성향이 강한 사람입니다. 그래서 학창 시절에도 단조롭고 반복적인 일을 할 것 같은 공무원은 절대 안 할 거라며 이야기하곤 했습니다. 그런데 살다 보니 절대 안 한다고 말한 공무원을 하고 있습니다. 그리고 내 삶에 최선을 다하고 노력하다 보니 루틴화에 대한 중요성을 다시금 깨닫게 되었습니다. 유아교육에서는 유아와 양육자 간의 애착을 강조합니다. 애착은 친밀한 정서적 관계를 형성하는 것으로, 자녀와 양육자 간의 안정적인 정서적 친밀감이 형성되어야 유아가 분리불안을 겪지 않고 혼란스럽지 않게 됩니다. 그렇다면 성인이 되어 나를 돌보는 주체는 누구일까요? 내 삶에서 양육자와 자녀는 모두 자신입니다. 내 삶에 루틴이라는 안정적인 울타리를 만들면 이를 바탕으로 흔들리지 않고 자유롭게 생각하고 행동할 수 있습니다. 저는 조매꾸를 실천하면서 유아기 아이들에게 길러주고 싶은 가장 큰 교육의 핵심을 찾았습니다. 바로 '조금씩 매일 꾸준히'하는 행동과 태도입니다. 학급을 운영할 때 이를 기를 수 있는 긍정확언, 아침과제, 1일 1독서, 학급루틴 등 다양한 교육적 시도를 해보면서 아이들과 함께 조매꾸를 실천하고 있습니다.

함께 나누는 행복을 배운다

조매꾸를 하니 제 마음에 여유가 생겼습니다. 스스로 노력하고 있고 함께하는 것에서 시너지를 얻게 되니 자연스럽게 주변 사람을 돌아보고 챙기게 되었습니다. 조매꾸를 실천하며 얻었던 행복을 주변 사람들에게도 알리며 함께 할 수 있도록 격려하였습니다. 자연스럽게 주변에 긍정적인 에너지를 전달하게 되었습니다. 제가 소중하게 여기는 사람들과 이를 나누고, 함께 실천하면서 서로에게 지속적인 자극제가 되어주니 더 행복한 나날이 펼쳐졌습니다. 수업을 하면서 드는 고민을 다른 사람들과 나누며 제 부족한 점을 드러내는 것이 더이상 부끄럽지 않았습니다. 서로 격려하고 배워나가는 과정에서 함께하는 교사들과 유아 모두 배움과 성장이 남았습니다.

수업에 대한 열정을 유지하기 위해 꾸준히 하고 있는 이 아침 시간이 교육에서의 의미를, 개인적인 삶에서의 에너지 원천을 항상 되돌아보게 만듭니다. 어느 날 친한 선생님이 '나는 네가 잠깐 영상 찍고 말 줄 알았어.'라고 이야기했습니다. 이 이야기를 듣는 순간 온몸이 짜릿했습니다. 작심3초의 제가 이제는 실행력으로 주변 사람들에게 인정받는

프로조매꾼이 되었습니다. 나는 보통의 존재입니다. 모두가 나를 특별하게 여기지 않더라도 자기 자신만은 스스로를 특별하게 여기고 사랑해야 합니다. 스스로를 특별한 존재로 만들어 주는 마법이 바로 '조매꾸'입니다. 저는 넘어지기 위해 일어납니다. 어쩌면 넘어지는 것을 두려워하지 않기 위해 매일 일어나고 있습니다. 그래서 어제도, 오늘도, 내일도 조금씩 매일 꾸준히, 조매꾸 합니다.

신규교사의
조매꾸 레볼루션

김동은

"김동은 선생님이시죠~? 교육청 ○○○팀 장학사 ○○○입니다. 이번에 1급 정교사 연수에서 선생님들을 상대로 에듀테크 수업 관련해 좋은 연수 부탁드리고자 연락드리게 되었습니다!"

"장학사님 안녕하세요~ 외람되지만 저부터 아직 1급 정교사 연수를 받지 못한 병아리 교사(?)여서요! 나중에 기회 주시면 꼭 응하겠습니다!"

"헉! 김동은 선생님께서 저경력이실 거라고는 상상도 못했네요! 좋은 활동들 앞으로도 기대하겠습니다~!^^"

글을 시작하려고 하니, 장학사님과의 재밌었던 일화가 떠오릅니다. 제가 모르는 새 저의 성장을 긍정적으로 지켜봐주시는 분들이 계심에 새삼 감사를 느꼈던 순간이었는데요. 글의 서두를 쓸 때는 늘 고민이 많아집니다. 혹여나 전국 독자분들을 상대로, 아직 교직의 첫발도 제대로 떼지 못한 만 3년차 역사 교사가 자랑질을 해대느냐는 시선으로 비출까봐 염려스러운 마음과 조심스러운 글을 쓰는 손가락 끝을 머뭇거리게 만들 때가 많습니다.

하지만 날이 갈수록 교직을 떠나고자 하는 젊은 교사들이 많아지는 현재의 상황에서, 교직에 계신 선생님들께 '그럼에도 불구하고 할 수 있다'는 희망을 드리고자 글을 쓰게 되었습니다.

'N명의 1'의 사례로서, 저의 사례는 결코 정답이 아님을 미리 말씀드리며, 만 3년차 역사 교사가 어떻게 '공모전 마스터'와 전국 단위 에듀테크 교사 연구회 대표로 성장할 수 있게 되었는지, 저의 이야기를 풀어나가고자 합니다.

'도전'의 경험은 어떤 방식으로든
우리의 정신적 DNA에 새겨진다

얼마 지나지 않은 2021년, 임용고시를 합격해 처음 교단에 발령을 받았던 신규 시절을 떠올려보면, 불안감과 기대감, 그리고 걱정과 설렘이 가득했던 출근의 연속이 떠오릅니다. 아무것도 모르지만 무언가 주어지면 해낼 수 있을 것만 같았던 '불패의 용기'가 온몸을 감싸고 있었던 시절이었습니다.

하지만 정작 코로나로 인해 수업이 아닌 주어진 '행정업무'에 허덕이면서 정신이 혼미해질 때 즈음 우연히 대학교 때 확인하던 공모전 사이트에서 '수업 공모전'을 개최한다는 소식을 보게 되었죠. '교사는 수업으로 승부한다'는 생각은 그때나, 지금이나 다름이 없지만 그때는 아이들도 등교를 하지 않거나, 간헐적으로 등교를 하던 상황이었기 때문에 저 또한 새로운 수업의 활로가 필요했습니다.

당시 각종 업무로 시달려 교사로서의 빛이 조금씩 바래지는 것 같은 느낌이 들었을 때, 오직 '수업'만이 나를 살게 할 수 있을 것 같은 느낌이 들었습니다. 그렇게 모 출판사에서 진행한 수업자료 공모전에 도전하기로 결심했습니다.

가뜩이나 정신이 없는 상황에서 익혀야 할 업무도 많은데 공모전까지 할 수 있을까 생각했지만, 아이들도 없는 아득한 학교에서 저만의 강점을 갖춰나가려면 무언가 새로운 창구가 필요했습니다. 당시 원격수업 상황 속에서 '에듀테크'라는 새로운 영역이 교육계에 뿌리를 내리기 시작했고, 역사 교사인 저에게 시공간적인 간극을 메워줄 수 있으면서도 수업의 생동감을 느끼게 해줄 수 있는 에듀테크 도구는 상당히 매력적으로 다가왔습니다. 날카로운 기술의 차가움이 아니라, 교과 내용의 밀도를 구현해 줄 따뜻한 손전등을 쥔 기분이었습니다.

그리고 저의 첫 번째 도전이 시작되었습니다. 피로를 회복할 시간에 공모전 수업 사례를 정리하고, 지도안을 작성하는 과정에서 오히려 피로가 회복되는 것 같은 뜨거움이 느껴졌습니다. 수상 여부와 관계 없이, 새롭게 도전하는 과정 자체가 일상 속 현실의 짓눌림을 경험하고 있던 제게 새로운 시야와 즐거움을 가져다주고 있는 것 같았습니다. 그리고 과거 이것저것 도전해보기를 좋아했던 대학교 시절의 저를 떠올리게 되었는데요. 꽤 오랜 기간 동안 도전의 경험을 잊고 살다가 오랜

만에 마주한 그때, '도전'했던 경험은 결코 사라지지 않고 정신적 DNA 에 새겨지고 있었구나라는 것을 새삼 느끼게 되었습니다. 문득 최인아 작가님의 책 『내가 가진 것을 세상이 원하게 하라』에서 읽었던 한 구절 이 떠올라 몸에 따뜻한 전율이 흐르는 것 같았습니다.

"애쓰고 애쓴 것은 결코 사라지지 않고 우리 몸에 축적된다."

첫 번째 공모전 수상, 그렇게 열린 새로운 세계

첫 도전이었던 만큼, 오래 집중해서 머리를 짜내기란 쉽지 않은 일이었습니다. 그래서 매일, 조금씩, 꾸준히 저만의 철학이 담긴 수업사례를 모으고, 수상작을 분석하며, 저만의 수업을 녹여냈습니다. 그리고 마침내 수상 결과 발표의 날, 놀랍게도 최우수상이라는 커다란 상으로 공모전의 첫 발걸음을 떼게 되었습니다.

전혀 기대하지 않았던 소식에 마음이 들떴지만, 더 좋았던 것은 이 공모전 수상을 계기로 시상식 및 추후 이루어진 인터뷰에서 이미 자신의 분야에서 꾸준히 도전하며 실천하시는 선생님들을 만나며 새로운 시야를 넓힐 수 있었다는 점입니다. 그리고 새롭게 만난 선생님들과 인연을 맺으며 새로운 도전을 꿈꿀 수 있는 무대가 만들어졌습니다.

이러한 기회로 다양한 선생님들과 교류하며, 저만의 에듀테크 수업 철학과 사례를 하나 둘씩 만들어가기 시작했습니다. 공모전은 주최사의 입장에서는 최소의 비용으로 최대 효과의 아이디어를 수합할 수 있고, 수상자의 입장에서는 상금과 함께 새로운 비전을 꿈꿀 수 있는 토대를 마련할 수 있는 행사인데요. 특히 수업 관련 공모전의 경우 교사로서 전문성 신장과 새로운 도약의 기회를 가질 수 있어 굉장히 좋은 계기가 됩니다. 그래서 첫 번째 공모전 수상 이후, 교사로서 저의 전문성과 가치를 높이기 위해 공모전 도전을 위한 마인드셋과 준비를 차근차근 마련하기 시작했습니다. 공모전 도전을 위해 제가 정비했던 마인드셋은 다음과 같습니다.

공모전 도전을 위한 마인드셋

1. 공모전 도전은 반드시 수상을 목표로 한다! 그래야 지치지 않고 나아갈 수 있다.
2. 공모전의 시작은 반드시 내가 자신 있는 분야부터, 단기간에 할 수 있는 것부터 한다.
3. 내가 지금까지 수업한 자료들, 학급 경영에 쓰는 자료들을 철저히 모으고 공모전에 응모할 소스들과 아닌 소스들을 분류한다.
4. 공모전 수상의 기쁨은 절대 혼자 갖지 않는다. 함께 수업한 아이들과 나누고, 동료 선생님들과 나눈다. 나눔으로써 채워지는 기쁨이야말로 진정한 기쁨이다.
5. 공모전 도전에 관련된 내용은 별도의 SNS 계정에 비공개로 매일, 조금씩, 꾸준히 업로드하고, 공모전 결과가 나온 뒤 전체공개로 전환한다.

---

6. '나한테 끌리는 것'이 아닌 '남들한테도 끌리는 것'을 만들고 분류하자.

7. 욕심이 생기더라도 '절대 공모전을 위한 공모전'은 하지 말자. 수상의 진정한 가치는 내가 가진 평소의 수업 철학과 수업의 목표를 인정 받았을 때 생긴다.

03

모든 기회는 다른 기회로 연결되어 있고,
우리는 언젠가 만난다

수상의 기쁨은 단순히 실적으로만 따라오지 않았습니다. 수업을 함께했던 학생들에게 고마움을 표하기 위해 상금의 일부를 학생들의 간식비로 지출했고, 학생들과 함께 했던 수업의 기억들을 나누며 수상의 기쁨은 더욱 커졌습니다. 단순히 수상을 했다는 사실보다도, 우리가 함께한 수업이 누군가에게는 또 다른 감동으로 다가왔을 것이라는 생각에 가슴이 벅찼습니다.

수상을 계기로 다양한 수업 연구 커뮤니티를 알게 되었고, 해당 커뮤니티에서 에듀테크 수업에 대한 연구를 진행하는 한편 또 다른 공모전을 준비하게 되었는데요. 공모전을 준비하면서 부족한 저의 교육 철학을 재정비하고, 아이들의 특성과 학습 내용과의 연결점을 다시 한 번 검토하는 계기를 마련하기도 했습니다. 가령, 저의 교육철학은 학교내

외에 '가능성의 공동체'를 형성하고 발전시키는 것인데 수업 공모전을 통해 저의 수업을 되돌아보기 이전까지는 이것을 수업 시간에 달성하기 위한 구체적인 방략이 마련되지 않은 상태였습니다.

하지만 효율적인 에듀테크 수업을 연구하고 저만의 수업사례를 하나씩 쌓아나가면서, 이를 달성하기 위한 구체적인 방법들을 하나씩 깨닫게 되었죠. 아이들의 가능성을 키워주겠다는 저의 목표는 자연스럽게 진로 교육으로 연결되었고, 진로 교육의 다방면성은 AI 코스웨어를 활용한 학습자 분석 및 진단, 그리고 다양한 에듀테크 도구를 활용한 진로 탐색 기회의 제공으로 이어졌습니다.

공동체성도 마찬가지였는데요. 미래 사회에서 가장 중요한 가치 중 하나로 자리매김할 존중과 배려, 공동체적 사고를 함양하기 위한 기반으로 학생들 사이의 소통을 활성화하고 협력을 할 수 있는 가장 효율적인 창구로서 에듀테크 도구를 활용해 제한된 수업 시간 안에 아이들이 시공간의 제약 없이 자신만의 의견을 표현하기도 했습니다.

그리고 자연스럽게 저의 교육적 가치관은 '에듀테크를 활용한 효과적인 가능성의 공동체 교육'으로 자리매김해 가고 있는 중이죠. 모든 순간 수업만을 생각할 수는 없지만, 느리더라도 매일 조금씩 성장하기 위해 저만의 수업 기록을 다른 사람들, 특히 선생님들과 소통할 수 있는

SNS에 매일 한 번도 빠지지 않고 기록하고 업로드하기 시작했습니다.

시간이 조금씩 지나면서, 현직 선생님들이 제 블로그에 주기적으로 방문해주시고 댓글도 남겨주기 시작하셨습니다. 매일 풍성한 양과 높은 질의 콘텐츠를 업로드하지는 못했지만, 제가 가진 공유와 나눔, 성장의 수업 철학이 담긴 매일의 기록을 꾸준히 업로드하는 것을 목표로 삼아 정말 하루도 빠지지 않고 게시물을 올리자 현직 선생님들뿐 아니라 예비 선생님들도 제 블로그를 찾아주시고 댓글을 남겨주기 시작하셨습니다.

실제로 한 예비 선생님은 제가 디지털 대전환 시대의 교육적 방향과 학교 현장에서 실제 이뤄나가고 있는 수업 사례가 자신의 교육 철학을 수립하는 데 많은 도움이 되었다며 장문의 글을 남겨주기도 하셨습니다. 조금씩, 매일, 꾸준히 저의 수업 기록을 남기다 보니 이제는 현직 및 예비 선생님들뿐 아니라 선생님을 꿈꾸는 학생들도 들어와 제 블로그에 응원의 댓글과 소망의 댓글을 남기기 시작했습니다.

특히 제가 교사로 발령받아 이런 저런 수업을 시도하던 첫 해 "선생님의 블로그를 꾸준히 보고 있는 고등학생입니다. 선생님은 제 얼굴도, 이름도 모르시겠지만 저는 선생님 덕분에 꿈이 생겼습니다."라는 글로 시작하는 장문의 댓글을 써준 학생의 사례는 잊을 수가 없습니다.

당시 그 학생은 성적은 높지만 꿈에 대한 열정이 무엇인지 깨닫지 못하다가, 매일 제가 관심 있는 분야에 대해 분량이 많든 적든 꾸준히 올리는 것을 보고 '크지 않더라도 매일 꾸준히 자신의 길을 만들어나가는 것'에 감동을 받았다고 했습니다. 그리고 저를 따라 '선생님'이라는 꿈을 꾸게 되었다는 사실도 적어놓았죠.

당시 제가 전혀 모르는 한 학생에게 제 수업 기록을 업로드하는 것만으로도 꿈을 심어줄 수 있다는 것을 알게 된 순간은 이루 말할 수 없는 충격과 감동을 전해주었습니다.

그렇게 또 바쁜 일상을 살다가 그로부터 두 해가 지나 제가 에듀테크 교사 연구회를 설립하던 해, 그 학생은 제 블로그에 "선생님, 저를 기억하실지 모르겠습니다. 저 이제 사범대에 합격해 정말 선생님을 준비해보려고 합니다."라는 글로 시작하는 사연을 댓글로 남겨주었습니다. 그 학생은 그 후에도 제가 매일 꾸준히 남기는 기록을 계속해서 지켜보고 있었다고 했습니다. 자신이 무너질 때마다, 쓰러지고 싶을 때마다 제 기록을 통해서 다시 나아갈 용기를 얻었다고 써 주었습니다.

제가 남겼던 치열한 수업의 기록들이, 그 학생에게는 대책 없는 긍정 회로로 장밋빛 미래를 그리는 것이 아니라 현실적이면서도 치열한 삶의 흔적으로 느껴졌던 것 같습니다. 그 당시 그 학생의 댓글을 차근

차근 읽으며 울컥하던 제가 생각납니다.

이렇게 조금씩, 매일, 꾸준히 이뤄내고 이겨내는 일들은 나 자신에게 뿐 아니라 누군가에게는 삶을 이어나갈, 다시 일어날 용기가 된다는 사실을 절실히 깨닫게 되었습니다. 그리고 이와 비슷한 사례들이 생각보다 많았습니다. 제가 매일 남겼던 임용고시 기록을 통해 임용고시를 준비하시던 선생님이 용기를 얻어 결국 임용고시에 합격해 선생님으로 가시고, 제가 진행하는 연수에 참석해 자신을 소개하는 감동적인 일들도 있었습니다. 이처럼 인연은 부지불식간에 생겨나 우리에게 또 다른 성장의 기회로 이어집니다.

이러한 사례 외에도 수업 혁신에 관련된 행사를 위탁받아 추진하는 한 기관에서 제 SNS를 보고 연락을 주시기도 했습니다. 그로 인해 매년 개최되는 게임리터러시 수업안 경진대회와 보훈문화교육 수업안 경진대회 소식을 누구보다 먼저 접할 수 있었고, 두 대회는 제가 평소 수업을 진행하는 방식이나 저의 교육철학과도 부합했기 때문에 도전해보기로 마음먹었습니다. 두 대회는 일반적인 수업 공모전과는 달리 1차 수업 지도안 심사와 2차 수업안 발표대회로 나뉘어져 체계적으로 진행되는 대회였기에 준비해야 하는 것들이 많았지만, 제가 평소 추진해왔던 수업 철학과 사례들을 녹여보기로 했습니다. 저는 수업을 진행하기전 혹은 후에 아이들의 설문을 꼭 받곤 하는데요, 저의 수업에 대한 객관적인 진단을 할 때 중요한 참고자료가 될 뿐 아니라 제가 추진하는 에듀테크 수업에 대한 가장 직접적인 실증 기반이 되어주기 때문입니다. 이렇게 늘 보관했던 자료들이 공모전 도전에 풍성한 수업 자료가 되어주기도 했습니다.

두 개의 공모전 접수 기간이 공교롭게도 거의 겹쳤기 때문에 촉박한 시간이었지만 저만의 스타일로, 꼼꼼하게 저의 수업사례를 적어나간 저의 노력과 정성이 닿았는지 두 개의 공모전 모두 최우수상(국가보훈처 장관상)과 우수상이라는 결과를 얻을 수 있었고, 이듬해에도 두 개의 공모전 모두 수상(국가보훈부 장관상 등)의 기쁨을 누릴 수 있었습니다.

특히 이 자리에 심사위원으로 참석해주셨던 서울시교육청 본청 디지털·혁신미래교육과 장학사님과의 만남이 인연이 되어 2022년 말, 서울시교육청 에듀테크 기반 혼합수업·블렌디드 러닝 사례 나눔 강의에 연수 강사로 설 수 있는 기회가 주어지기도 했습니다. 그리고 그 연수 자리에서 우연히 뵙게 된 선생님과 함께 또 다른 수업 공모전에 출품을 하게 되는 상황까지 나아갈 수 있었죠. 생각지 못했던 인연이 또 다른 기회를 만들고, 그 기회는 또 다른 인연을 만든다는 것을 그 치열했던 두 해 동안 절감할 수 있었습니다.

그리고 보훈문화교육 수업안 경진대회 당시 참석하셨던 국가보훈부 소속 주무관님의 입소문을 통해 후속 작업으로 단행본 집필 제안을 받아 6·25 전쟁 활용 수업 적용을 위한 자료집을 출간하기도 했는데요. 정말 인연에 인연은 꼬리를 물고 저의 활동분야는 점차 넓어지고 있었습니다. 당시 만 2년차였던 제게는 큰 부담으로 다가오기도 했지만 이런 기회를 해내는 과정들이 정말 짜릿하더라고요. 성취 경험도 성취 경험이지만, 나의 부족한 수업 사례가 누군가에게 도움이 될 수 있는 실질적인 기회로 만들어진다는 것. 그 사실 자체가 주는 교사로서의 심리적 풍족감이 굉장히 컸던 것 같습니다.

이뿐만이 아닙니다. 기회는 제가 전혀 예상치 못한 곳에서 찾아오기도 했는데요. 저의 블로그를 통해 에듀테크 수업 사례를 확인한 EBS 교육 다큐 작가님께서 저희 학교 교감 선생님을 통해 저의 수업을 촬영하고 싶다고 제안을 주시기도 했습니다.

특히 EBS 촬영은 함께 촬영하는 학급 학생들과 정말 잊을 수 없는 추억이 되었을 뿐 아니라 학생들에게도 학습 효능감이 꽤 컸던 것 같더라고요. 방송 촬영 당일까지 단 한 번도 아이들에게 좋은 반응을 부탁한다든지, 조금 열심히 해보자라든지 방송 촬영을 위한 인위적인 말 한마디 건네지 않았고, '그저 우리는 늘 하던 대로만 하는 것을 보여주면 된다'라고 이야기했을 뿐인데 나중에 방송으로 보니, 아이들이 정말 행복해보였습니다.

평소 수업시간에는 수업 하느라 잘 몰랐던 아이들의 즐거운 표정들이 보여 이 모든 과정에 아이들에 대한 이해와 아이들과의 소통이 기반되었기에 지금까지의 성과들이 가능했을 것이라는 확신이 들었습니다. 수업 효능감과 저의 수업 철학이 한 단계 성장하는 느낌을 받았습니다. 그리고 그 느낌을 더욱 증폭시키고 확대하기 위해 인연으로 이어진 많은 선생님들과 수업 공모전에 주기적으로 도전하기 시작했습니다. 그리고 만 2년차 교직생활을 마무리할 무렵이 되어 교육부 장관상을 비롯한 장관상 3개를 보유한 교사가 되어 있었습니다.

장관상이 저의 실력이나 전문성을 보증해주는 것은 아니지만, 제가 아이들과 함께 했던 시간을, 제가 아이들과 함께 더불어 저만의 에듀테크 교육 철학으로 이뤄나갔던 수업들이 공식적인 인정을 받았다는 점에서 교사로서 큰 뿌듯함과 자신감을 얻게 되었던 것 같습니다.

공모전 및 연구대회 수상 내역 2022-2023
- 2022 목정미래재단 미래엔 제8회 미래교육상 본상 수상
- 2022 비상교육 창의융합수업자료 공모전 최우수상 수상
- 2022 한국콘텐츠진흥원 게임리터러시 수업안 경진대회 우수상 수상
- 2022 보훈문화교육 수업안 경진대회 최우수상 수상(국가보훈처 장관상)
- 2023 대한민국임시정부기념관 4.11 수업 사례 공모전 대상(1위)

- 2023 해냄에듀 5.18 계기 수업 사례 공모전 우수상
- 2023 아이스크림연수원 Chat GPT 활용 교육 아이디어 공모전 우수상
- 2023 티처빌 체더스 에듀테크 수업자료 공모전 대상(1위)
- 2023 제8회 충청남도 인권 공모전 최우수상(1위)
- 2023 방송통신위원회/지능정보사회진흥원 디지털 윤리 콘텐츠 공모전 최우수상 수상(교육부 장관상)
- 2023 한국과학창의재단 AI & SW 수기 공모전 최우수상 수상(과학기술정보통신부 장관상)
- 2023 제1회 서울시교육청 마이크로러닝 콘텐츠 공모전 최우수상(1위)
- 2023 서울교육연구정보원 인성교육실천사례연구발표대회 서울시 2등급 수상
- 2023 서울시교육청 성북강북교육지원청 학교 교육력 제고 연구 발표대회 유공 가산점 선정
- 2023 상반기 한국교육학술정보원(KERIS) 지식샘터 에듀테크 수업의 신(神) 수업 공모전 사회과 부문 1위
- 2023 하반기 한국교육학술정보원(KERIS) 지식샘터 에듀테크 수업 희망 강좌 공모전 사회과 부문 1위
- 2023 생성형 인공지능 플루닛 영상 자료 공모전 장려상 수상
- 2023 에버랜드 현장체험학습 연계 좋은 수업 자료 공모전 장려상 수상
- 2023 한국교육환경보호원 학교 불법촬영예방 공모전 장려상 수상
- 2023 한국사회복지협의회 멘토링 수기 공모전 장려상 수상
- 2023 보훈문화교육 수업안 경진대회 우수상 수상(국가보훈부 장관상)
- 2023 게임리터러시 수업안 경진대회 장려상 수상

단시간에 이렇게 빠르게 공모전 분야에서 영역을 넓히고 저만의 수업 철학을 더욱 정교화하는 가운데, 어느 새 선생님들께서 저를 '공모전 마스터'라고 불러주기 시작하셨습니다. 제가 만 3년차에 '공모전 마스터'라고 불리게 된 가장 큰 요인은, 실력이 뛰어나서도, 뛰어난 학생들을 만나서도 아닙니다.

바로 성패의 여부에 상관없이 도전하고자 하는 의지를 자신만의 수업철학으로 실천에 옮길 수 있는 힘, 그리고 어떤 기회에서든 만나게 되는 인연을 그냥 흘려보내지 않고 소중히 여길 수 있는 힘, 즉 휴머니즘이었습니다.

이러한 휴머니즘이 저를 지금까지 성장시켰고, 그리고 앞으로도 조금씩 매일 꾸준히 성장시키리라 믿어 의심치 않습니다. 지금도 참 민망하지만, 저의 도전 의지를 긍정적으로 평가해주시는 선생님들께 감사하는 마음을 제가 잘 할 수 있는 방법으로 돌려드리고 싶다는 생각을 하게 되었습니다.

그리고 이렇게 인연과 기회가 중첩되는 가운데 이러한 인연이 단순히 저에게만 국한되는 것이 아닌, 모든 선생님들과 더불어 인연을 만들어 갈 수 있는 장이 있었으면 좋겠다는 생각도 하게 되었습니다. 그러한 생각을 기반으로 다양한 역사 선생님들과 수업 철하을 함께할 수 있는 '에듀테크 역사 수업 연구 모임'을 조직하게 되었습니다.

에듀테크 역사 수업 연구 모임에서
전국 단위 에듀테크 교사 연구회까지

제가 속한 중등에서는 초등과 달리 각 교과를 중심으로 수업이 진행되기 때문에, 연구 모임 또한 교과를 중심으로 운영되는 경우가 많습니다. 게임리터러시 경진대회 이후 운영 사무국의 활동 제안으로 에듀테크를 활용한 게임리터러시 수업 연구교사 활동을 자연스럽게 이어가게 되었고, 그 곳에서 비슷한 수업 철학과 교육적 지향점을 가진 역사 선생님들을 만나게 되었습니다.

그리고 1박 2일 동안의 워크숍 동안, 동료 역사 선생님들과 함께 에듀테크를 활용한 역사 수업을 구현하고자 하는 이유와 방향, 비전에 대해 함께 공유하는 시간을 가졌고, 각자 실천해오고 있는 역사 수업에 대해 공유하고 담론을 만들어가는 소중한 기회를 마련할 수 있었습니다.

그 이후 에듀테크 역사 수업 연구 모임을 자율적으로 운영하며 '어쩌면 전혀 관련이 없어보이는 역사교육과 에듀테크가 어떻게 만나게 되었는가'부터 시작해 '실제 교실 수업 현장에서 쉽게 적용할 수 있으면서도(High Tech), 학생들의 소통과 만남을 촉진해 교육적 효과성을 높일 수 있는 방법(High touch)이 무엇이 있는가'에 대해 연구를 진행하고 구체적인 산출물을 만들어내기 시작했습니다.

에듀테크 역사 수업 연구 모임에서 에듀테크를 역사수업에 도입하고자 하는 이유는 각 선생님의 수업 철학에 따라 비중은 서로 달랐지만, 공통으로 공감하는 부분은 명확했습니다. 첫째로 메타버스 및 생성형 인공지능을 활용해 과거의 역사적 사건과 상황을 가상 현실에 구현하고 직접 역사적 인물과 대화를 나눌 수 있는 기회, 직접 역사의 현장으로 들어가 가상으로 체험해볼 수 있는 기회를 제공함으로써 역사 수업에서 가장 큰 어려움으로 손꼽히는 '시공간적 거리감'을 최소화시켜 학생들로 하여금 역사가 '단순히 먼 과거'가 아닌 '우리가 살아가는 지금과 관련되어 있는 현장'으로 생생하게 느낄 수 있게 하는 것입니다. 둘째로 인공지능과 빅데이터를 활용해 사료(史料)를 비롯한 다양한 역사 정보들을 더욱 효율적이고 효과적으로 탐색하고 정리하는 데 활용함으로써 학생들의 역사 정보활용능력과 기록의 공백을 합리적 추론으로 보완하는 역사적 상상력을 함양하는 것이죠.

그 외에도 다양한 목적과 이유들이 있겠지만 이 부분에 대해서는 공통적인 견해가 모아졌습니다. 그리고 이를 구체적으로 구현하기 위해 역사적 사실에 기반하여 에듀테크 역사 콘텐츠를 제작하여 학생들에게 경험하도록 지도하는 것뿐 아니라 학생들이 직접 역사적 사실에 대한 조사와 탐구를 바탕으로 자신만의 에듀테크 역사 콘텐츠를 생산하고 확산할 수 있도록 하는 수업을 진행하기도 했습니다.

그리고 에듀테크 역사 수업 연구회 선생님들과 단위 학교 차원에서의 수업 사례를 확산하는 것뿐 아니라 전국 역사 선생님들께서 링크 하나만으로 학생들의 접속을 편리하게 유도하고 1차시 분량의 에듀테크 역사 수업을 통해 학생들과 생생한 역사 학습을 이뤄나가실 수 있도록 서울북부보훈지청, 팀메타와 협업하여 6·25 전쟁을 주제로 한 메타버스 게이미피케이션 콘텐츠 〈호국보훈 어드벤쳐 Final〉을 개발하고 이를 확산하기도 했습니다.

또한 에듀테크 역사 수업 연구회에서 함께하시는 선생님과 맺은 인연으로 수업 경진대회에 공동으로 출품하여 입상하고, 다른 수업 경진대회에서 함께 시상식에 오르는 기쁨을 경험하기도 했습니다. 이렇게 선생님들과 에듀테크 역사 수업에 대한 치열한 고민과 연구를 진행하면서 들었던 또 다른 생각은 '역사 수업만으로는 교육적 효과에 한계가 있다'는 것이었습니다. 역사 교사로서 아이들에게 역사적으로 사고하는 능력을 내면화할 수 있도록 조력하는 것도 중요하지만, 미래 사회를 이끌 아이들은 역사에 관련된 역량뿐 아니라 융합형 인재, 통합형 인재로 성장해야 한다는 점에서 역사 교과를 넘어, 다양한 교과 선생님들과 만나고 에듀테크를 활용한 수업과 관련해 협업할 수 있는 자리가 필요하다는 의견이 모아졌습니다. 이를 토대로 실질적인 교과 내용의 구현과 실천을 도모할 수 있는 초등과 중등 학교급을 중심으로 고등 교육기관, 교육청 전문가까지도 포괄하는 전국단위 에듀테크 교사 연구 모임인 '에듀테크 교사 연구회'가 창설되었습니다.

전국 단위 초·중등 선생님들을 중심으로 한 단체인만큼, 사실 운영이 쉽지는 않았지만, '에듀테크 수업'을 향한 열정과 의지, 그리고 성장을 위해 모인 선생님들과의 끈끈한 인연은 구체적인 성과로 드러나기 시작했습니다. 다양한 교과에 대한 에듀테크 융합수업을 실천해 본 경험을 가진 운영진 선생님들을 중심으로, 에듀테크가 무엇인지 모르는 선생님들도 쉽게 에듀테크의 문턱을 넘을 수 있도록하는 데 초점을 두고 ㈜천재교과서, ㈜해냄에듀, ㈜뤼튼테크놀로지스 등의 교육 기업과 협업하여 전국 200여 분이 넘는 선생님들과 함께 〈제1회 에듀테크 페스티벌〉과 〈제1회 미래형 수업 실천을 위한 에듀테크 수업 콘서트〉 등의 오프라인 행사를 개최하기도 했습니다. 행사에서는 단순히 선생님들이 연수를 듣고 끝나는 것이 아닌, 해커톤(hackathon)[1] 형식으로 학교급

---

1) 해킹(hacking) + 마라톤(marathon)의 합성어로, 소프트웨어 개발 분야의 프로그

별로 선생님들께서 팀을 이루어 에듀테크 융합 수업 자료를 개발하고 발표하는 코너도 진행했습니다. 에듀테크 교사 연구회 선생님들의 뜨거운 탐구열과 의지를 확인할 수 있었던 행사였습니다.

그리고 전국 선생님들께 더 많은 에듀테크 수업 전문성 함양 기회를 보장하고, 공동으로 성장할 수 있는 계기를 마련하기 위해 다채로운 내부 연수는 물론, 다양한 교육 기업, 교원 양성기관들과도 업무 협약(MOU)을 체결하여 선생님들의 활동 무대를 열기도 했습니다.

초연결, 초연대 시대에 교사 연구회의 힘만으로는 교육적 변화를 도모하기는 역부족입니다. 당연히 교육 변화의 주체는 선생님들이지만, 이를 뒷받침하기 위한 다양한 지원과 무대가 필요하죠. 이를 위해 다양한 교육 기업들과의 협업은 필수적이었습니다.

이와 관련해 전국 조직인 에듀테크 교사 연구회 특성상 오프라인 행사에 참여가 어려운 도서지역 선생님들도 쉽게 참석하실 수 있는 기회를 보장하기 위해 ㈜클래스팅과 협업하여 〈제1회 에듀테크 교사 연구회 X 클래스팅 온라인 부트캠프〉를 개최하고 온라인 공간에서 선생

래머나 관련된 그래픽 디자이너, 사용자 인터페이스 설계자, 프로젝트 매니저 등이 정해진 시간 내에 집중적으로 작업하여 결과물을 만들어내는 소프트웨어 관련 이벤트이다. 본문에서는 교사들이 제한된 시간 안에 에듀테크 수업 자료물을 공동으로 작업하여 산출해내는 대회라는 의미로 활용하였다.

님들의 해커톤 대회 진행을 추진하고 있으며, ㈜툰스퀘어와의 협업을 통해서는 생성형 AI 웨비나를 개최할 예정이죠.

이렇게 온라인이든 오프라인이든, 선생님들이 접촉하고 만날 수 있는 자리를 많이 만들어야만 '우리'의 진정한 시너지를 낼 수 있다고 생각합니다. 또한, 현직 선생님들이 2022 개정 교육과정의 현장 적용에 대응하여 아무리 에듀테크 수업 전문성을 함양한다 한들, 새로 오시는 선생님들이 이러한 교육현장의 변화에 민감하게 대응하지 못한다면 제대로 된 변화를 이룰 수 없기 때문에, 예비 선생님들을 대상으로 한 행사들도 준비하고 있습니다. 이를 위해 다양한 초·중등 교원 양성기관들과 업무 협약을 진행하고 있습니다. 이렇게 조금씩, 꾸준히 예비 선생님들과 현직 선생님들과의 연결망을 형성·강화해 나간다면 우리 교육 현장도 시대적 흐름에 맞추어 분명히 실질적인 변화가 나타날 것이라고 믿어 의심치 않습니다.

만 3년차 교사가 호기롭게 시작한 에듀테크 교사 연구회 활동은 여전히 현재 진행형입니다. 제가 조직한 에듀테크 교사 연구회가 거의 1,000여 명에 가까운 전국의 초·중등 선생님을 아우르는 단체로 발돋움할 수 있었던 결정적인 이유는 결코 제 개인 역량이 우수해서가 아닌, 운영의 비전을 '나'가 아닌 '우리'로 설정하고, 주변 선생님들의 지속적인 도움이 있었던 덕분입니다. 저는 단순히 '나의 성장'만을 목표로 하지 않았고, 앞으로도 그럴 생각이 없습니다. 나의 성장을 바탕으로 '우리'의 성장을 꿈꾸지 않는다면 절대 교육 사회는 변화하기 어렵기 때문입니다.

또한 연구회에서 '우리'가 함께 참여하여 공동으로 진행했던 프로젝트와 다양한 행사들은 에듀테크 교사 연구회가 전국 단위의 대규모 단체로 성장할 수 있는 시너지와 원동력을 주었습니다. 그리고 그 바탕에는 에듀테크 교사 연구회 운영진 선생님들의 치열한 노력과 지원이 있었죠. 앞으로 저는 이 점을 절대 잊지 않고 에듀테크 수업을 이미 능숙하게 추진해나가시는 선생님들뿐 아니라, 문턱 앞에서 고민하며 어려움을 느끼시는 선생님들까지 아울러 함께 성장할 수 있는 '우리'의 가치를 확장해 나갈 것입니다.

경계 없는 '조매꾸', 출발은 관심 분야부터!
영역은 차근차근 넓혀서!

사실 아직도 역사교사인 제가 에듀테크 분야에서 조매꾸를 실천하고 있는 것에 대해 많은 의문을 갖고 계신 분들이 많습니다. 교육과정상의 역사 자료는 대부분 먼 과거의 사례이고 현대사라고 하더라도 디지털 아카이브로 등록된 사료(史料)를 제외하고는 거의 대다수가 아날로그 정보이기 때문에 기술적 혁신을 바탕으로 한 수업 방식과 다소 괴리가 있다는 생각을 하시기 때문입니다.

저는 오히려 그렇기에 역사가 '에듀테크'와 더욱 잘 연결될 수 있다고 생각했습니다. 아날로그화된 자료가 결코 좋지 않다는 것이 아니라, 아날로그 자료이기 때문에 가질 수밖에 없는 결정적인 한계점을 에듀테크가 결정적으로 보완해줄 수 있기 때문이죠. 저의 주된 관심사는 에듀테크를 활용한 교육이기도 하지만, 이외에도 세계시민교육, 생태전환교육, 노동인권교육에도 관심이 많아 서울시교육청 세계시민교육선도교사단, 생태전환교육 실천지원단, 노동인권교육 선도교사단으로 위촉을 받아 매일, 조금씩, 꾸준히 수업을 연구하여 자료를 누적하고 있습니다.

조매꾸의 시작은 가장 관심있는 분야인 에듀테크 교육이었지만, 에듀테크 수업을 기획하고 추진하다보니 미래교육이라는 큰 범주에서 아이들이 살아갈 미래사회에서 에듀테크 교육을 비롯한 디지털 & SW 교육 외에도 관심을 가져야 할 주제들이 눈에 들어오기 시작한 것이죠. 특히 현재 가장 심각한 문제로 여겨지고 있는 전 지구적 기후위기와 전염병 문제를 해결하기 위한 다양한 노력들을 실천하기 위해 학생들과 환경 빅데이터를 분석해 탐구하는 수업을 진행하고, 이를 바탕으로 학생들이 꿈꾸는 미래 사회의 모습과 이를 구현하기 위해서 우리가 무엇을 해야 하는지 생각해보는 시간을 가지며 이를 실제로 사소한 것부터 매일 꾸준히 약 한 달 동안 실천하고 인증하는 챌린지를 추진하기도 했습니다.

저의 조매꾸 영역은 시간의 흐름에 따라 점점 더 넓어지는 중입니다. 조매꾸의 영역은 취미활동까지 확산되었는데요. 사실 제 가장 큰 관심사가 에듀테크 수업이기에 디지털화된 정보, 디지털 기기에만 큰 관심이 있을 것이라고 오해하기 쉽지만 저는 아날로그적인 부분에도 큰 관심을 갖고 있습니다. 대표적인 것이 캘리그라피(Calligraphy)입니다. 처음에는 제가 본받고 싶은 대상들이 했던 말들을 적어보며 스스로 마음을 다독였던 습관으로 시작했던 캘리그라피는 하루 소감을 캘리그라피로 남겨보는 방향으로 발전했고, 이후 블로그를 통해 저만의 캘리그라피 구독 계층이 형성되면서 제가 가장 사랑하는 취미로 자리잡게 되었습니다. 그렇게 하루도 빠짐없이 1일 1캘리그라피를 추진해나가다보니, 한 달 만에 한 권의 캘리그라피 책이 만들어졌고 1년 뒤에는 서울 성수동 편집샵 & 소규모 갤러리에 전시를 의뢰할 수 있는 수준으로 발전하게 되었습니다. 그래서 서울 성수동 이스트 오캄이라는 곳에서 캘리그라피 개인 전시회를 개최하는 값진 경험을 갖게 되었습니다. 서예나 예술을 배워본 적도 없는 제가 매일 조금씩 꾸준히 '쓰기'를 통해서 이뤄낸 성과였습니다.

첫 전시를 여는 날, 그 차가웠던 성수동의 새벽 공기와 부스럭 대는 제 그림의 포장지가 내는 소리를 기억합니다. 그리고 조심스레 발걸음을 옮겨 자신만의 관점으로 저의 작품을 감상해주시던 수많은 손길들과 눈길들을 기억합니다. 나중에 방명록을 확인해보니, 제 전시가 다른 이들에게 각자의 방식으로 '따뜻한 위로'가 되었다고 적혀 있었습니다. 정말 깊은 감동을 받았습니다. 보잘것없는 나의 조각 하나가 누군가에게 반짝이는 보석으로 와닿을 때의 심정, 그건 정말 인생에서 느낄 수 있는 가장 고귀한 감정 중 하나라는 생각이 들었습니다. 그리고 다시 한 번 더불어 함께함으로써 경험할 수 있는 연대의 따뜻함과 힘을 느낄 수 있었습니다.

전시회가 성황리에 마무리된 이후 저는 아날로그 감성을 담은 캘리그라피를 디지털 기술과 결합하여 디지털 펜슬로 캘리그라피를 쓰고, 여기에 직접 디자인한 사진을 결합해 엽서로 인쇄하여 지인들에게 선물하기도 했습니다. 그리고 〈Day by Day 동쌤의 캘리그라피 1일 엽서 구독 챌린지〉를 진행하여 저의 캘리그라피를 사랑해주시는 분들에게 메일로 매일 직접 디자인한 캘리그라피 온라인 엽서를 전송하기도 했습니다.

이 캘리그라피 엽서는 매일 누군가에게 따뜻한 한 올의 마음이라도 닿기를 바라는 마음에서 시작한 것이었습니다. 이러한 과정에서 다양한 지역에 계신 분들께서 엽서 구독 챌린지뿐 아니라 온라인 전시회도 열어주셨으면 좋겠다는 요청을 해주셔서, 코로나가 한창이던, 아직 메타버스 갤러리 플랫폼이 국내에 자리를 잡기도 이전이었던 시기에 제 블로그를 활용해 온라인 캘리그라피 개인 전시회를 개최하기도 했습니다. 이미 오프라인 캘리그라피 개인 전시회를 개최해본 경험이 있었기에, 조금씩 매일 꾸준히 작업을 해온 결과물들이 있었기에 가능했던 행사였죠. 그리고 당시 블로그의 기능상 제한된 방식이기는 했지만,

온라인 캘리그라피 전시회 역시 성황리에 마무리됨으로써 제게 새로운 영역에 도전할 수 있는 용기와 자신감을 불어넣어주었습니다. 역사교사이자 에듀테크 수업 전문가, 그리고 캘리그라피 작가라는 부캐는 바로 '조매꾸'에서 출발해 '조매꾸'로 이어지고 있습니다.

'조매꾸', '나'가 아닌 '우리'의 삶이 바뀌는
치열하고 따뜻한 기적이자 혁명

　　아직 1급 정교사 연수도 받지 않은 병아리 교사가 지금의 단계에 오기까지 사실 참 많은 일들이 있었습니다. 수많은 시행착오들이 있었고, 앞으로 더 큰 시행착오들이 기다리고 있을 것이라고 생각합니다. 하지만 저는 두렵지 않습니다. 조금씩, 매일, 꾸준히 나의 관심 분야와 영역에서 노력한다면 충분히 극복할 수 있다는 것을 이미 경험했고, 경험하고 있기 때문입니다.

　　꿈런쌤 김병수 선생님께서 외치시는 구호, '조매꾸(조금씩 매일 꾸준히)'는 한 순간에 노력 없이 이뤄지는 마법이 아닌, 나의 삶과 다른 사람의 삶을 바꾸는 치열하고도 따뜻한 기적이자 혁명이라고 생각합니다. '조매꾸'가 선사하는 언어의 힘은 실로 대단합니다. 김병수 선생님을 뵌 지는 그리 오래되지 않았지만, 김병수 선생님께서 말씀하시는 조매꾸는 늘 '나'가 아닌 '우리'를 향해 있습니다. 김병수 선생님 덕분에 저는 에듀테크 수업의 가치를 세계로 확장할 수 있는 무대를 갖게 되었고, 김병수 선생님께서 선물해주신 조매꾸의 따뜻한 기적으로 현재는 학생들에게도 조매꾸를 강조하며 학생들의 진로교육도 에듀테크를 활용해 다양한 방식으로 펼쳐가고 있는 중입니다.

이렇게 치열하고 따뜻한 기적을 앞으로도 꾸준히 실천하여, 모든 사람들에게 '성장을 향한 기회'가 열려 있음을, 지금 당장 많은 걸 이뤄내진 못할지라도 매일 조금씩 해내는 것에 성취의 진정한 가치가 있음을 확산할 수 있도록 노력하고자 합니다. 이 글을 읽는 독자분들도 '조매꾸'가 선사하는 치열하고 따뜻한 기적에 푹 빠져 보시기를 진심으로 기도합니다.

사각사각의 우당탕탕
신춘문예 도전기

황혜진

잃어버린 나를 찾아서

왜 그랬어?

"사각아, 무슨 일 있었어? 무슨 일이야, 왜? 왜 그렇게까지 한 거야?"

저의 최근 소식을 들은 오랜만에 만난 지인이 물었습니다.

"아니, 나 별일 없었는데⋯⋯."

"아무 일도 없었는데 신춘문예에 도전해? 설마 그럴 리가⋯⋯."

무심한 대화였지만 마음에 남아 계속 빙빙 도는 질문이었습니다. 지인과 헤어지고 돌아오는 길, 운전하는 차 안에서 스스로에게 물었습니다. 그러게 왜 그랬던 거냐고요.

지난 1년을 돌아보면, 무언가 매우 강력한 것에 홀려서 지냈습니다. 돌아보면 가위로 싹둑 잘라 시간을 이어붙인 것 같습니다. 현실에서 한 발 떨어져 저의 모든 레이더가 오로지 '글쓰기'만 향해 있던 시간이었습니다. 그 경험은 새롭고, 신비로웠습니다. 때로는 잠을 자지 않아도 활기 넘치던 저는 매일 매일, 마치 사랑을 처음 시작할 때처럼 들떠있었습니다. 그런데 지인의 질문으로 다시 생각해 보았습니다.

'내가 즐거워서 강하게 매료되어 도취했던 그 일은 과연 무슨 의미였을까?'

생각이 많아졌습니다.

모두 잠든 밤 컴퓨터 모니터 앞에서 씨름하다 보면 찾아오는, 온 세상에 나와 내가 쓰고 있는 글만 있는 것 같은 착각이 좋았습니다. 동화를 쓰다 보니 꼭 도전하고 싶은 일이 생겼습니다. 그것은 바로 '신춘문예 공모전 동화부문 도전'이었습니다. 애초에 마음먹었던 일이 아닌데 갑작스럽게 이렇게 크고도 웅대한 목표가 생기자, 삶을 바꿔야 했습니다. 하필 신춘문예 마감은 직장에서 가장 바쁜 시기인 연말과 겹쳤습니다. 퇴근 전까지 뛰어다니며 일을 마무리하고, 저녁에는 아무 약속을 잡지 않았습니다. 그리고 밤늦게까지 글을 썼습니다.

글 쓰는 일은 너무나도 힘들지만, 이렇게나 나를 나일 수 있게 해주는 일을 잘 마무리하고 싶었습니다. 마음을 먹으니 시간이 다른 속도로 흘렀습니다. 아인슈타인의 상대성 이론을 일상에서 경험하는 기이한 나날이었습니다. 제 앞에 놓인 24시간을 늘이고 줄여 어떻게든 하루 예닐곱 시간을 글을 쓰며 보냈고 주말에는 거뜬히 열댓 시간을 책상에 앉아있었습니다. 결국 목표한 신춘문예 도전에 성공했습니다. 이 글을 읽는 분들께서는 '그래서 당선작이 뭔데요?' 하는 궁금증이 생기실 수도 있을 것 같아요. 이 글은 신춘문예 당선 수기가 아니라, 신춘문예 '도전기'입니다.

당선이 아니어도 무지개 너머에 있어서 차마 손을 뻗지도 못하던 꿈을 향해 발을 내딛는 일, 절대 하지 못할 것 같던 내 동화를 창작해 한 세계를 구축하는 일, 그리고 신문사를 두드리는 일, 그 모든 과정이 저에게는 경이로움이었습니다. 제 삶에 영영 없을 것 같던 '신춘문예'라는 단어가 매일 조금씩 꾸준한 노력으로 결국 제 삶의 궤적에 남았습니다.

지인에게 질문을 받고 돌아오며 생각했습니다. 직장인이자 두 아이 엄마인 제가 해결해야 할 일상의 문제는 그대로임에도 불구하고, 동화를 쓰는 시간을 확보하기 위해 원더우먼처럼 하루를 보내고, 다시 또다시 컴퓨터 전원 버튼을 켜던 그 마법은 무슨 의미였을지요. 무엇보다 혹시 글쓰기가 다시 또 나를 소진하는 방편은 아니었는지 살펴야 했습니다.

나에게 가는 길

흐르는 강물처럼 한 방향으로 조용히 흐르는 시간을 사람들은 년, 월, 일로 구분하여 의미를 부여합니다. 그리고 많은 사람이 연초에는 목표를 설정하거나 새로운 한 해는 조금 다르게 보내겠다고 다짐하곤 하죠. 저 또한 연말이면 '새로운 일 년이라는 시간을 나에게 선물한다.'라는 의미로 마음에 드는 다이어리를 찾습니다. 빈칸을 채우고, 일 년을 계획하다 보면 새해의 희망이 조금씩 샘솟는데요, 2023년은 생애 최초로 아무 계획도 세우지 않은 한 해의 시작이었습니다. MBTI에서 파워 J인 저에게는 이례적인 일이었습니다.

개인적인 일들로 여러 악재가 겹쳐 최악의 2022년을 보냈습니다. 그 어느 해보다 바쁜 한 해를 살던 어느 날, 기계적으로 하루하루 살아내고 있다는 것을 깨닫고 뭔가 잘못되었다고 생각했습니다. 건강도 다시 안 좋아져 쉼표를 자꾸 떠올리던 그해가 지나고 남은 것은 번아웃이었습니다. 활활 타고 잿더미만 남은 것 같은 마음으로 일 년을 마무리할 때쯤 마지막 한계선이 무너졌습니다. 며칠 전까지 멀쩡히 학교에 잘 다니던 딸 아이가 갑작스러운 응급수술 후 옆에 통나무처럼 누워 돌아눕지도 못하는 상태가 된 것입니다. 12월 31일, 고개를 들어 TV를 보지 못하는 아이와 나란히 누웠습니다. 팔베개를 해 아이가 화면을 볼 수 있게 해주고, 함께 작은 화면으로 제야의 종 타종을 지켜보았습니다.

세상 모두가 희망찬 표정인 것 같아서 저에게는 더욱 끔찍한 연말연시였습니다. 그 당시에는 이미 결말이 정해진 영화 속에 들어온 것처럼 이대로 모든 것이 끝나버릴 것 같은 좌절감이 가득했습니다.

고통의 끝에서, 나만 바라보며 누워있는 아이의 연한 피부가 짓무를까 손부채질을 해주곤 했습니다. 필요한 물건이 있어 가지러 일어나면 아이에게 두 발로 걷는 모습을 보이는 것이 미안해 까치발을 짚고 어깨를 움츠렸습니다. 그렇게 두 달을 보내며 생각했습니다. '사람이 살아간다는 것은 무슨 의미일까?', '내가 그동안 노력해 왔던 것들은 무슨 의미가 있을까?' 하고요.

어렸을 때부터 '의미'를 찾는 것을 중요하게 여기던 저였습니다. 물건 하나를 사도 조금 더 실용적인 것을 찾았고, 시간을 허투루 쓰는 것도 참을 수 없어 중요성을 알면서도 '멍때리기'가 세상에서 가장 어려웠습니다. 결혼 후 태어난 아이가 독립적으로 생활할 수 있을 때까지는 가정에 매진했습니다. 누가 바라고 원한 것도 아닌데 저를 온전히 가족 안에 두고, 쌓아놓고 읽은 육아서를 실천하고자 애썼습니다. 매일 놀거리를 만들고 아이의 성장을 기록하며 즐거웠습니다.

2014년 복직 후에는 그런 저의 성향 때문에 일상이 대략 난감해졌습니다. 가족에서 의미를 찾고 싶은 만큼 저는 제 교실에서도 의미를 찾고 싶었습니다. 그때쯤 본격적으로 학교에 도입된 교육 혁신 운동으로 학교는 대변혁의 시기였습니다. 배울 것도 해야 할 것도 많았습니다. 내가 조금 노력하면 아이들은 한껏 살아난 표정으로 물었습니다.

"선생님! 이거 재미있어요! 다음 프로젝트는 뭐예요?"

저는 교실에서 만나는 제 아이들에게 더 좋은 배움을 주고 싶었습니다. 제가 조금 더 움직이면 수업은 풍성해졌고, 함께 만들어 가는 것이 즐거웠습니다.

분초를 다투며 살면서도 아이들이 웃으면, 동료들이 좋아하면, 딸들이 좋아하면 다 좋았습니다. 내 몸이 소진되는줄도 모르고 살다가 2018년에 갑자기 건강에 이상이 생겼습니다. 체력과 건강만큼은 자신 있던 저였는데, 세상이 무너지는 것 같았습니다. 병을 얻고, 이제껏 살아온 모든 시간이 억울해서 견딜 수가 없었습니다. 생활을 정비해야 했습니다. 과하게 나를 소진하던 일들을 조절하고 줄여야 한다는 생각이 들었습니다. 나의 생활을 정리해보니 엄마로서의 역할과 선생님으로서의 역할로 나눌 수 있었습니다. 엄마역할은 줄여도 기본값은 같기에 겉보기에 달라지는 게 없어 보였습니다. 하지만 학교에서의 역할은 줄이면 제 일을 당장 다른 사람이 해야 하니 아쉬운 소리를 하기가 어려웠습니다. 병을 이유로 사정을 봐달라는 말은 미련하게도 차마 입이 떨어지지 않았습니다.

아이러니하게도 그 시기에 개인의 역량은 성장했습니다. 교육과정을 분석하고 수업을 구성하고, 교실에서 아이들과 합을 맞춰가는 것에 재미를 느껴, 몸이 힘든 줄도 몰랐습니다. 결국 제가 수술로 아직 컨디션이 온전치 않다는 사실도 잊고, 어리석게도 가정에서 줄인 비중보다 더 많은 시간을 학교 일로 채웠습니다. 되찾은 내 이름이 좋았고, 도전하고 달성하고 성장하는 성취감이 좋았습니다. 그렇게 몇년이 흐르니, 급기야 눈에 넣어도 아프지 않던 내 아이가 '엄마.' 하고 불러도 모니터를 쳐다보느라 건성으로 대답하는 날까지 생겼습니다. 제 아이와 매일 미술 놀이, 요리 놀이하던 열정을 모두 학교에 쏟아부었습니다. 더 멋진 사회인으로 거듭나는 것만이 건강을 잃은 나를 다시 찾는 길 같았습니다.

순항중인 것 같아 보이지만 실제로는 폭풍우를 헤쳐나가던 2022년 12월 어느 날 근무 중, 아이가 다쳤다는 전화를 받았습니다. 그날은 졸업을 앞둔 우리 반 아이들을 위해 선물로 준비한 축제날이었고 마침 함박눈이 내렸습니다. 내 눈 앞에서 신나게 눈싸움을 하는 아이들을 보며 웃다가 돌아서서 받은 딸아이의 사고 소식에 머리가 멍해졌습니다.

몇 달 전부터 아프다는 딸아이를 병원에 데려갈 시간도 내지 못하던 저는, 방학하면 방문하려고 예약해 둔 대학병원 진료만 믿고 있었습니다. 하지만 아이는 어리석은 엄마를 기다려 주지 않았습니다. 아이가 수술하던 날에는 끓어오르는 줄도 모르고 헤엄치다가 끓는 물에 빠져 죽은 개구리가 된 기분이었습니다. 아픈 아이를 간호하며 두 달을 집에 박혀 지내며 지난 삶을 돌아보았습니다. 제가 이뤘던 성취도 성과도 모두 짐이었습니다. 얼마만큼 과잉 작동하고 있는지도 모르고 경주마처럼 앞만 보고 달리다가 정신을 차려보니 모든 사회생활을 내려놓은 저와 아픈 아이가 나란히 누워있었습니다.

인생 돌아보니 이것도, 저것도 다 허울이었습니다. 십여 년을 나를 낮추고 가족을 위해 헌신하던 시간도, 몇 년이나 밤잠을 못 자고 머릿속에 온통 학교 생각만 가득하던 시간도 다 허상이었습니다. 그 어디에도 나는 없는 것 같아 공허한 마음에 우울감만이 차올랐습니다.

그리고 1년이 지난 그해의 마지막 날, 저는 가슴 가득 차오르는 충만함으로 한 해를 닫았습니다. 아이러니죠. 한치 앞도 몰라서 두려운 인생길이지만, 또 그렇기에 희망을 품을 수 있습니다.

아이 수술 후 간병하던 시기. 집안이 온통 회색이고, 틈만 나면 눈물을 흘리던 어느 날, 사소한 일에 우리는 마주보고 웃기 시작했습니다. 돌아보면 그렇게 웃기지도 않은 일이었는데 한 번 빵터진 웃음은 멈출 수가 없었습니다.

웃으며 가슴 가득 감사한 마음이 차올랐습니다. 가장 아프고 힘든 터널을 통과하는 그 와중에도 웃을 수 있는 순간이 있는 것이 삶이라니, 그렇다면 한 번 살아볼 만한 것이 아닌가 용기가 났습니다. 저는 이제는 조금 다르게 살기로 결심했습니다.

내가 바라던 건 무엇이었을까

큰일을 겪고 나니 인생의 고비를 만나면 많이들 스스로에게 하는 질문, '나 잘 살고 있는 걸까?' 하는 질문이 가장 먼저 떠올랐습니다. 아이를 간호하던 두 달 내내 끈질기게 따라붙은 그 질문에 저는 쉽게 답을 할 수 없었습니다. 그렇다고, 잘 해왔다고 스스로를 토닥이고 싶었지만 열심히 살아온 시간이 모두 부질없어 보여 오히려 의구심이 가득 차올랐습니다. 그런 의구심이 공허함과 만나니 자연스럽게 다음 질문을 품었습니다. 그 질문은, '내가 정말 바라는 건 뭘까?'였습니다. 무엇을 위해 그렇게 달렸는지 앞으로 어떻게 살아야 할지 답을 찾아야 했습니다.

인생의 고비를 두 번 겪고 나서, 삶은 결국 죽는 날까지 오늘의 연장일 뿐이라는 것을 절감했습니다. 저 모퉁이를 돌면 한순간에 번쩍 나타날 것 같은 오아시스가 없다면, 이제 나의 에너지를 조금 더 원하고 바라는 곳에 쓰면서 살아야 한다고 생각했습니다. 나 자신을 행복할 수 있는 지점으로 바로 그 순간으로 데려다 놓으며 살아야 한다고요.

그러기 위해서는 내가 정말 좋아하고 하고 싶은 일, 가슴 뛰는 일, 내가 나일 수 있는 일이 무엇인지를 먼저 알아야 했습니다. 이 꾸준한 동기와 실천의 에너지를 몰입하여 꾸준히 할 수 있는 일에 쓰고 싶었습니다. 보다 구체적인 비전을 세워야겠다고 생각했습니다. 흩어진 많은 에너지를 모아 하나의 궤를 이어야겠다고 말이죠. '내가 진정 바라는 게 뭘까.' 진지하게 고민했습니다.

한 발짝 앞으로

고개를 들어 책장을 보니 제가 쓴 네 권의 책이 꽂혀 있었습니다. 세상에 나온 책들은 아니지만 나름대로 밤새워 가며 썼던 원고들이었습니다. 아이들과 사이판에서 한 달 살기를 하고 나서 전자책으로 출간한 여행에세이, 혼자 습작으로 썼던 동화 한 권, 그리고 미술학원 한 번 다녀보지 않은 생초보 그림을 담은 그림책 두 권. 저에게는 한 권, 한 권이 소중한 그 책들을 보며 생각했습니다.

'나는 왜 자꾸 뭘 끄적일까?'

그 순간, 깨달음이 올라왔습니다. 자꾸만 내려놓고 외면하던 꿈. 저 멀고 높은 곳에 있는 것 같아 감히 내가 범접할 수 없을 것만 같던, 도전하지 않아 실패도 하지 않는 꿈을 그곳에 가만히 모셔두었다는 것을요. 이렇게 코앞에 두고도 애써 외면 한 채 말이죠.

누구나 고만고만하게 살던 80년대에 초등학교에 입학한 저는, 혼자 있는 시간이면 공산품 뒷면에 제품 성분이라도 읽어야 직성이 풀리는 어른으로 자랐습니다. 1학년 때 놀러 간 친구네 집에서 동화 전집 세트를 처음 발견한 날, 얼마나 반짝반짝 빛나 보이던지. 종종 한 권씩 빌려 읽었지만, 정말이지 감질났습니다. 그 마음 때문인지 3학년 때 엄마가 사주신 학생대백과사전은 백과사전인데도 마르고 닳도록 읽었습니다.

책은 언제나 선망의 대상이었습니다. 어쩌다 푹 빠져 남은 페이지가 줄어드는 것이 아까운 책, 밤을 새워 가며 읽게 되는 책을 만나면, 책의 무한한 확장에 감동했습니다. 깊이 몰입한 독서를 마치고 마지막 책장을 덮으면 혼자 어디 멀리 여행을 다녀온 기분이 들었습니다. 한 권의 책이 있으면 저는 원자와 분자를 다루는 미시세계부터 우주 저 끝까지 다녀올 수 있었고, 지구 건너편에 사는 동갑내기 여자아이의 고민도 엿들을 수 있었습니다.

좋은 책을 만나면 이 책을 쓰신 작가님이 존경스러웠습니다. 작가라는 존재는 언제나 동경의 대상이자, 가닿을 수 없는 신비로운 존재였습니다. 멋진 작품을 마주할 때 작가들은 천재 같다는 생각을 했습니다. 그들이 만든 하나하나의 세상을 바라보며 경외심이 들었습니다. '어떻게 이런 생각을 하지?', '어떻게 이런 하나의 세계를 만들었지?', '얼마나 자료조사를 한 거지?' 놀랄 일은 책마다 있었습니다.

당연하게도 책을 읽을 때마다 작가를 꿈꿨습니다. 그 말은, 제 인생에 매우 많은 시간을 소비한 독서 시간 내내 작가를 동경했다는 뜻입니다. 하지만 바로 그 경외심 때문에, 차마 내가 정말로 '쓰는 사람이 될 수 있다.'라는 생각은 하지 못했습니다. 혼자 꿈꾸는 것도 부끄러워 얼른 생각을 접었습니다. 그건 꿈일 뿐, 내게 올 현실이 아니었습니다. 현실이 아니기에 신 포도처럼 멀리멀리 흘려보내고 잊고 살려 애쓰다가도, 다시 책을 읽다 보면 어쩔 수 없이 또 매우 간절해지는, 그야말로 꿈이었습니다. 한없는 질투와 선망과 존경이 버무려진 마음으로 글 쓰는 삶에 대한 염원을 늘 품고 살았습니다.

교육대학 2학년 때, 초등학교에 실습을 나가 처음으로 '선생님!'하고 달려와 안기는 아이들을 만났습니다. 2주의 시간을 보내고, 그만 깊은 정이 담뿍 들어버린 저는 이별 선물로 내가 쓴 동화를 선물하기로 마음먹었습니다. 지금은 기억도 나지 않는 글을 밤새워 고민하여 창작하고, 인쇄하고 도화지에 잘라 붙여가며 책을 만들었습니다. 30여 권, 30쪽가량을 페이지마다 풀칠하며 며칠을 애썼던 기억이 납니다. 교실에서 선생님이라는 이름으로 처음 만난 아이들, 교육 실습생이기에 저에게 더욱 순수한 애정을 무한정 보여주던 아이들은 자체로 감동이었습니다. 그때 어렴풋이, 내가 그렇게 꿈꾸던 작가의 세계에 발을 들일 수 있지 않을까 싶었습니다. 이렇게 순수한 어린이들을 앞으로 평생 만날 테니까요. 생각지도 못한 다이내믹한 상황이 날마다 끊이지 않는 교실에 살면서, 이런 '어린이의 말'을 하루 종일 듣게 될테니 '교실 이야기라면 나도 동화를 써볼 수 도 있겠다!' 하는 막연한 희망을 품었습니다.

그리고 몇 년 후, 담임으로 우리 반 아이들을 만나고 다짐했습니다. '50살에는 동화 쓰는 선생님으로 살 거야. 그러려면 지금부터 아이들을 잘 들여다보고, 교실 일기도 꼬박꼬박 써 두어야지.'하고요. 지금 당장은 저 멀리 있어 차마 닿을 수 없을 것 같지만, 아이들을 자꾸 만나다 보면, 아이들과 눈높이를 맞추다 보면 언젠가는 가능할 것 같았습니다.

20년이 흐르고, 내가 습작한 원고들과 함께 글쓰기에 관련된 책들이 잔뜩 꽂힌 책장을 바라보며 퍼뜩 정신을 차리던 밤. 내가 정말 바라는 게 무엇이었는지 고민하던 마흔 무렵의 저는 저기 멀리 흘러가 버려 잊은 줄도 몰랐던 오래 전 꿈이 기억났습니다. 눈물이 날 것 같았습니다.

생각하는 대로 살지 않으면 사는 대로 생각하게 되고, 아무것도 하지 않으면 아무 일도 일어나지 않는 법. 인생은 기다려 주지 않으니 이제는 도전할 차례였습니다.

매일 꾸준히, 그저 쓰기로 마음먹었습니다. 오십에 쓰려면 그때까지 기다릴 것이 아니라, 지금부터 시작해야 했습니다. 바로 지금이 내 꿈을 움켜잡을 수 있는 때였습니다.

'어쩌면 오래전부터 이미 답은 내 안에 있었던 게 아닐까, 결국 나를 가로막는 것은 나였구나.' 하는 깨달음에 눈물이 났습니다. 뭐라도 지금 할 수 있는 일을 도전해 보자고 마음먹었습니다. 더 이상 나를 내가 가로막는 일은 그만하고 싶었습니다.

글이 쓰고 싶어서

컴퓨터 하드의 어둠 속에 영영 갇힌 고양이, 하루 이야기

2021년, 저는 동화 작가의 꿈은 새벽 아침 물안개처럼 한순간에 증발해 버리기라도 한 것처럼, 일상에 매몰된 평범한 교사로 살고 있었습니다. 그저 좋은 동화를 찾아 교육과정 운영을 하는 데에 의미를 두고서요. 마침 국가 교육과정에서 독서 교육의 중요성이 커져서 어린이 책 세상을 좋아하는 저에게는 반가운 소식이었습니다. 저는 '교사마다 하나의 무기가 있다면 나는 독서지도겠구나.' 어렴풋이 생각했습니다. 자연스럽게 독서 교육에 비중을 두고 수업을 진행했습니다. 아이들에게 수시로 책을 읽어주고 사회나 과학 수업에서도 관련 서적을 읽어주며 상식을 넓혀주었습니다.

독서지도와 연극지도를 위해 저는 더 좋은 책, 학년 교육과정에 더 적합한 책을 찾아야 했고 자연스럽게 동화를 더 많이 읽었습니다. 어린이 문학은 제가 좋아하는 분야라서 자연스럽게 관심을 가졌는데, 그 분야의 지평을 넓히는 것은 교사로서의 성장에도 큰 자산이 되었습니다. 이 무렵 동화 쓰기 공부를 시작한 지인이 함께하자고 제안했지만, 일주일에 한 번씩 고정적으로 집을 비우기에는 아직 어린 자녀들이 마음에 걸렸습니다. 그저 오래전 마음 깊이 묻어둔 꿈을 다시 들춰보고 꿈을 재설정할 뿐이었습니다. 미래의 어느 날, 동화를 쓰는 온화한 선생님으로, 그보다 더 먼 어느 날에는 동네 책방에서 그림책을 읽어주는 할머니로 나이 든 나를 꿈꾸며 갈망을 잠재웠습니다.

그러던 어느 날, 프로젝트 수업을 온 작품 읽기와 함께 진행하기로 계획하였습니다. 동물복지를 주제로 유기견이 주인공인 동화책을 읽고 '동물, 사지 말고 입양하자.'라는 취지의 프로젝트를 기획하였습니다. 프로젝트를 2주일 앞둔 토요일 아침, 갑작스럽게 '내가 쓴 동화로 수업하면 어떨까?'하는 생각이 들었습니다. 그 무렵 학교 체육 창고에 갇혀있던 길고양이를 구조하여, 모두 함께 돌본 우리였습니다. 그러니, 유기동물을 다룬 기성 동화 말고, 우리 학교 이야기가 녹아있는 동화를 읽으면서 프로젝트를 한다면 학생들에게 더 의미 있는 배움이 일어나리라 생각했습니다.

동화는 읽어보기만 했지, 글쓰기에 대해서는 전혀 배운 적 없던 저였지만 일단 컴퓨터를 켰습니다. 한글 프로그램을 열고, 표를 그려 이야기의 기승전결을 구성하였습니다. 주요 장면의 사건과 등장인물, 등장인물의 감정 등을 A4 한 장에 표로 정리한 후, 바로 동화를 써 내려갔습니다. 몇 날 며칠이고 밥도 굶어가며, 글을 쓰기 시작했습니다. 얼개를 짤 줄도 몰라서, 상세한 얼개도 없이 쓰기 시작한 글은 사방팔방으로 튀어 나갔습니다. 마지막 장면이 어떻게 마무리될지 궁금해 멈출 수가 없었습니다. 결국, 그 한 장의 개요는 원고지 418매에 달하는 〈어둠 속의 고양이, 하루〉라는 작품으로 완성되었습니다. 고학년 동화가 원고지 300매부터인 것을 고려하면, 생초보가 말도 안 되는 분량을 그저 써 내려간 것이었습니다. 마음 가는 대로 쓰다 보니 주인공이 나를 이끌고 다녔습니다. 마치 누가 불러주는 글을 타자 치는 것 같은 착각이 들었습니다. 내가 생각지도 않은 장면이 펼쳐지고 새로운 인물이 등장하고, 계획하지 않았던 대화가 오가며 이야기는 조금씩 확장되기도 변형되기도 했습니다. 그런 진행이 새로우면서, '내 안에 이런 이야기가 있었다니?' 하며 놀라는 과정의 연속이었습니다.

지금은 두 손이 오글거려 차마 펼치지도 못하는 그 원고, 고이고이 하드에 저장된 부끄러운 제 첫 작품은 저에게 큰 깨달음을 주었습니다. 모든 걸 계획하지 않더라도, 어느 정도의 뼈대가 있으면 타자를 두드리면서 이야기가 만들어지고, 인물의 대사가 메꿔지는 신비를 느낀 것입니다. '이것이 작가들이 말하는 내가 쓰는 게 아니다. 인물이 쓰는 거다.

하는 상태인가?' 생각하며 혼자 킥킥 웃었습니다. 일단 시작했더니 알게 된 즐거움이었습니다.

갖춰진 형식도 없고, 아무것도 모르기에 아무 말이나 써 내려가면서 그저 창작의 기쁨에 빠져 작품을 써 내려가던 시간 동안 무척이나 행복했습니다. 원고를 작성할수록, 이야기의 주인공인 고양이 '하루'를 보고 싶다는 생각이 정말이지 간절해졌습니다. 사실은 이 세상에 존재하지 않는 '하루'라는 것을 누구보다 잘 아는 제가 그 아이를 보고 싶다니 말도 안 되는 생각이었지만, 그 마음은 진심이었습니다. 나의 고양이 하루에게 마침표를 찍어주고 잘 보내주고 싶다는 마음으로 끝까지 쓸 수 있었습니다.

다 쓰고 나서 제가 쓴 책으로 프로젝트 수업을 진행했습니다. 수업하면서는 학생들에게 누가 쓴 글인지 말하지 않고 끝까지 함께 읽고 작품분석까지 했습니다. 온 작품 수업이 끝나면 작가와의 만남을 갖곤 했기에 읽기가 끝난 날 아이들에게 말했습니다.

"잘 읽어주어 고마워요. 작가님이 무척 영광이라고 고맙다고 전해 달래요. 그래서 특별히 우리 교실에 방문해 주시기로 했어요. 지금 밖에 기다리고 계세요. 작가님과의 깜짝 만남을 갖겠습니다!"

당연히 교실 문밖에는 아무도 없었습니다. 작가님을 모시고 온다고 문밖에 나간 제가 혼자 들어오자 어리둥절해하는 아이들에게, "사실, 이 글 작가는 선생님이야. 이거 선생님이 쓴 글이야!"라고, 깜짝 발표했을 때, 교실에는 잠시 정적이 흘렀습니다. 그리고 이어진 환호성. 그 순간을 잊지 못합니다. 2편을 꼭 써달라고, 이 책을 살 수는 없냐고 묻던 아이, 표지 디자인이라며 그렇게 보고 싶던 '하루'를 그림으로 그려 결국 내가 만날 수 있게 해준 아이의 행동이 하나하나 감동이었습니다. 우리 학교에서 벌어졌던 일을 기반으로 한 동화인 데다 담임선생님에 대한 애정으로 그 감동이 조금 더 미화되었을 것이란 것을 알면서도 내가 쓴 글을 좋아해 주는 아이가 한 명이라도 있다는 사실이, 그렇게 행복하고 기뻤습니다.

그리고 그때는 몰랐지만, 그 원고를 쓰지 않았다면 동화 쓰기에 도전한 2023년의 나도 없을 거란 것을 지금은 압니다. 용기 내어 도전하고, 꾸준히 시도할 수 있었던 가장 큰 열쇠, 어쩌면 할 수도 있겠다는 가능성은, 그때 그 어설픈 첫걸음으로 발견하였습니다.

도전하고 싶은 것이 있다면 결과를 생각하지 말고, 일단 시작해 보세요. 별것 아닌 것 같은 작은 일도 다음으로의 디딤돌이 되고 결국 큰 도약의 발판이 될 수 있습니다. 누구나 처음은 어설픕니다.

나를 찾아 떠난 찐빵이 이야기

동화를 좋아하지만, 그림책도 좋아하기에 학급에서 그림책 수업을 꾸준히 하고 있습니다. 몇 년 전부터 교실에서 그림책을 읽어주면서, 〈그림책 읽어주는 선생님〉은 저의 제2의 정체성이 되었습니다. 아이들과 함께 책을 읽는 시간, 책을 읽어주는 제 목소리에 모두가 집중하는 순간은 언제나 선물이었습니다. 긴 책은 마음먹고 읽어줘야 하지만, 그때그때 짧고 진하게 마음을 나누기에는 그림책이 부담 없어 좋았습니다. 그림책 세상에는 제가 함께 읽고 싶은 모든 주제가 다 있었습니다. 그림책은 다정해서 함께 읽으면 마음이 통하는 순간을 만날 수 있었고, 철학을 담고 있어서 토론을 하면 생각을 주고받을 수 있었습니다.

책을 읽고 나면 그 느낌과 마음을 표현하여 학급 그림책을 만들고 '어린이 작가 되기' 수업을 진행했습니다. 그리고 어린이들의 창작활동을 보다 잘 지도할 수 있는 방법을 배우고 싶어 교육청에서 주관하는 〈그림책 작가 되기〉 연수를 수강했습니다. 10주 동안 진행된 연수 기간, 이야기의 뼈대 잡는 것부터 시작해 그림 그리고, 대사 배치하고, 최종적으로 완성된 그림책을 만나기까지 정말이지 피 말리는 고통이었습니다. 나도 모르던 내 안의 이야기를 발견하는 기쁨만큼이나, 내가 움직이지 않으면 백지에 점 하나도 찍히지 않는다는 당연한 사실은 커다란 고통이었습니다. 미술 전공자도 아니고 미술에 특별한 재능이 있지도 않은 평범한 사람이 그림책을 쓴다는 것은 내 안의 견고한 어느 부분을 깨부숴야 가능한 일이었습니다. 매주 울면서 과제를 했습니다. 하지만 구상하고 표현하고 수정하며 그림책이라는 장르의 매력과 고통을 가득 느꼈습니다.

완성된 책을 들고 이른바 교육청에서 주최하는 '출간 기념회'에 '작가'라는 타이틀을 달고 참석하였습니다. 그렇게도 얻고 싶은 그 이름을 갖기에는 미숙한 작품이 부끄러우면서도 나도 모르게 허리를 곧추세우고 앉아 진지하게 임했습니다.

제가 쓴 그림책은 〈나는 찐빵〉이라는 제목으로, 애초에 경쟁이 되지 않는 김치만두와 고기만두에 밀려 언제나 인기 없던 찐빵이 신메뉴인 샤오룽바오와 딤섬을 보고 좌절하며 시작합니다. 오밤중까지 혼자 남아 찜기를 지켜야 하는 팥 찐빵의 신세를 더 이상 감당할 수가 없겠다고 판단한 찐빵이 수증기 친구와 함께 자신을 찾아 떠나는 이야기입니다. 누군가는 좋아하기도 하고 좋은 효능도 가진 팥을 가득 품은 찐빵이 자신의 효능을 찾아가는 과정을 그리면서 저는 '나는 왜 이런 메시지를 자꾸 담고 싶은 걸까?' 고민해 보았습니다. '혹시 이 그림책을 통해 내가 나에게 어떤 이야기를 들려주고 싶었던 것은 아닐까?' 내가 찐빵이에게 들려주고 싶은 이야기가 사실은 나 자신에게 들려주고 싶은 이야기라면, 내 안에 아직 내가 모르는 숨겨진 원석이 있을지도 모른다

223

는 생각을 다시 한 번 했습니다. 그리고 더 이상 미루지 않고, 이렇게 혼자 잘 모르면서 그저 무작정 쓰기만 하지 말고 제대로 정면으로 도전해 보자고 마음먹기에 이릅니다.

이 두 개의 창작물은 나를 변화시켰습니다. 이 두 번의 경험은 용기의 발판이었습니다.

똑똑똑.

매일 글 쓰던 나날

어린이작가교실에 등록하다

동화를 쓰는 방법은 여러 가지가 있습니다. 문예창작과에 가거나, 기성 작가에게 사사 받을 수도 있겠지요. 저는 여러 가지 방법 중 '어린이작가교실'에 등록하여 매주 수업을 들으며 '동화 쓰는 법'을 배우기로 마음먹었습니다. 6개월 단위로 한 기수가 운영되는 작가 교실 수업은 매주 이루어지며 온라인/오프라인으로 여러 개의 수업이 있어 각자의 사정에 맞게 선택하여 지원할 수 있었습니다. 온라인 수업에는 아무래도 집중이 어려울 것 같아, 오프라인으로 매주 출석 수강하기로 결심했습니다. 사실 동화 쓰기를 함께 하자고, 지인에게 처음 권유받았던 그때부터 3년 반이라는 시간 동안 망설였던 것은, 시간을 통으로 떼어내내 시간을 쓰기가 어려운 두 아이의 양육자이자 직장인이라는 신분 때문이었고, 여전히 달라진 건 없는 상황이라 많이 망설였습니다. 하지만 개인적인 상황상, 지금이 아니면 다시 또 몇 년 늦춰질 것이 확실했고, 그 무엇보다 2023년을 맞이했던 그 우울감을 이기기 위해서는 행동해야 했습니다. 문고리를 지금 붙잡아야 했죠. 또 몇 년 후 '내가 진짜 원하는 건……' 이런 생각이나 하는 나는 상상하고 싶지 않았습니다.

다행히 아이는 수술 경과가 좋아 이제 정상 생활이 가능했고, 저는 일주일에 하루는 제 시간을 갖기로 했습니다.

작가 교실 도전은 생각보다 큰일이었습니다. 내가 쓴 글과 함께 지원서를 제출해야 했는데 아주 오랜만에 쓰는 지원서에 나를 소개하는 한마디를 어떻게 쓸지 매우 고심했습니다. 서류전형에 붙고 나서는 면접을 봤습니다.

전철역에 내려 면접을 보러 걷던 그 길의 설렘과 떨림이 선명합니다. 어쩌면 내가 뭘 잘하는지도 잘 모르고, 그저 책을 좋아하고 수줍기만 한 아주 내성적인 아이이던 초등학교 시절, 일기 검사에서 '글을 계속 써보렴.'이라고 써주신 담임선생님의 한마디가 내 마음의 씨앗이었을지도 모릅니다. 그 빨간 펜의 글씨를 읽고 마음이 출렁 흔들렸던 그 순간부터 막연히 '글 쓰는 사람이 되고 싶다.'라고 꿈꾸던 그 마음이 오늘의 이 길까지 연결된 것 같아 뭉클했습니다. 새로운 도전. 유난히 키가 큰 플라타너스가 길가에 위풍당당하게 서 있는 그 길, 넓은 플라타너스 잎 가득한 초록은 그대로 희망이었습니다.

작가 교실 수업 실전기

　　인생을 살면서 '선생님'이라고 부를 수 있는 사람을 만나는 일은 참 행복한 일입니다. 그리고 그것은 나이 들수록 더욱 쉽지 않은 일이기도 합니다. 작가 교실 수업이 시작되면서, 새로운 '선생님'을 만났습니다. 매주 돌아오는 수업 시간 동안 선생님은 내가 그렇게 알고 싶었던 창작의 세계로 작가들의 세계로 이끌어주셨습니다. 두 시간 반이라는 수업 시간이 무색하게도 언제나 그 시간은 눈 깜짝 할 사이 흘러가 있었고, 우리는 누구도 사적인 대화나, 수업을 흩트리는 발언을 하지 않고 배움에 집중했습니다. 선생님은 늘 미소 띤 얼굴에 농담도 섞으며 수업을 진행하셨지만, 존경하는 마음 때문인지 선생님께는 언제나 범접할 수 없는 카리스마가 넘쳤습니다. 인자하지만 약속을 어기면 안 될 것 같은 그 느낌에 저는 언제나 '과제 제출'을 제때 못할까 두려운 마음으로 종종거렸습니다. 게다가 동기들도 하나같이 훌륭해서 어딘지 모르게 다들 저보다 준비도 잘 되어 있고 재능도 많아 보여, 주눅 들고 떨렸습니다. 그래서인지 매주 돌아오는 수업에 엄청난 긴장감을 안고 참석했고 사실 이 부담감과 긴장감은 작가 교실 수업이 지속되는 6개월 내내 지속되었습니다. 이렇게 돌덩이 얹은 것처럼 무거운 마음을 계속 안고 가야 한다는 사실이 가끔은 저를 옭아매는 느낌이었습니다. 그냥 직장생활과 두 자녀 양육만으로도 벅찬 일상에 가끔은 '나는 왜 고생을 사서 할까?' 내 발등을 찧기도 했습니다.

하지만, 매주 토요일 작가 교실에 가는 발걸음은 희망이었습니다. 그 길은, 오래전 잃어버린 나를 찾아가는 길이었고, 내가 모르는 나를 만나러 가는 길이었습니다. 비록 그 길이 고난이어도, 그 길을 걷고 나서야 내가 만나고 싶은 나를 만날 수 있는 것이라면 기꺼이 감내하고 싶었습니다.

매주 희망찬 발걸음으로 공덕역 3번 출구를 나서면서 하늘을 올려다보면 어김없이 면접장에 갈 때 봤던 그, 커다란 플라타너스가 나를 반겨주었습니다. 그렇지 않아도 나이가 많은 울창한 나무인데, 지하에서 올려다보는 나무는 원래의 나무보다 4~5미터 더 커 보여 그 자체로 경이로운 마음조차 들었습니다. 하늘을 배경으로 초록 잎들이 가득 햇살을 받는 지하철역을 나서면서, 매주 설렘과 떨림으로 토요일 오후를 보냈습니다.

22년을 이어온 작가 교실 수업은, 그 역사와 명성답게 교육과정이 잘 짜여 있었습니다. 그 말은 매주 배움 내용이 깊이 있고, 그에 따른 숙제나 읽을거리가 상당히 많기도 했다는 뜻입니다. 토요일 수업에 다녀와 먼저 숙제를 해놓으면 그만일 텐데, 늘 저는 그러지 못했습니다. 반 학생들과 자녀들에게는 '숙제 먼저 하고 놀아!'라는 말을 입에 달고 사는 저인데도, 숙제를 일주일 내내 미루다가 금요일 저녁에서야 시작하곤 했습니다. 일주일 내내 마음은 계속 무거운데 아이디어가 생각나지 않아 고민하다가 겨우 꼬투리를 찾아 자리 잡고 앉는 것은 언제나 금요일 밤이었습니다. 꾸역꾸역 피를 토하는 심정으로, '뭐라도 있겠지, 뭐라도 되겠지.', 하며 타자를 두드렸습니다. 그 조용하고 진중한 교실에서 발표하고 합평할 순간을 상상하며, 빈손으로 갈 수는 없어서 울고 싶은 심정으로 썼습니다.

작가 교실 등록 전에 가장 두렵던 시간은 합평 시간이었습니다. 내가 과연 어떤 '글'을 써가는 숙제를 할 수 있을까, 즉 머릿속에서 아이디어가 떠올라 일주일 사이 글로 완성해서 합평까지 받을 수 있을까, 합평에서 마음에 상처를 입고 오히려 펜을 꺾어버리고 싶은, 포기하고 싶은 마음이 올라오면 어쩌나 그것이 가장 두려웠습니다. 꿈을 찾는 길이 오히려 꿈을 버리는 일이 되면 안 되니까요.

하지만 합평에 대해 제가 가지고 있던 생각은 틀린 것이었습니다. 타인의 작품에 말을 얹어 작가 본연의 의도에 영향을 주어서도 안 되고, 혹시라도 조금 더 나은 방향이 보인다면, 그것은 건설적인 제안이어야 하지 비판이어서는 안 되는 것이었습니다. 또, 합평에서 내 작품에 대해 부연 설명을 하거나 좋은 아이디어를 얻기를 바랄 것이 아니라, 내가 하고 싶은 이야기는 모두 이미 글에 담아서 제출해야 하는 것이었습니다. 처음 작품을 함께 읽고 평할 때, 저는 제가 왜 그렇게 썼는지 자꾸만 의도를 설명하고자 했습니다. 내가 풀리지 않았던 그 지점에 동기들이나 선생님께서 좋은 아이디어로 해결책을 제시해 주길 기대하기도 했습니다. 합평을 위한 작품에 설명이 필요없는 글을 쓰는 것도, 남의 작품에 상처 되는 비판을 하지 않기도 생각보다 어려웠습니다. 우리는 모두 초보 작가이지만, 좋은 작품을 읽은 경험은 많기 때문에 내 작품의 부족한 점은 보지 못하면서도 타인의 작품에 대해 말하기는 쉬웠습니다. 그 사실을 염두에 두고 조심, 또 조심해야 했습니다.

다행히 한두 번 제 작품을 합평 받고 나서는 마음이 한결 편해졌습니다. 누구도 서로의 작품에 함부로 말하지 않았습니다. 비판적으로 공격하지 않는다는 믿음이 생기니 이곳이 안전하다는 생각이 들었습니다. 그럼에도 불구하고, 합평을 받은 날이면 '내 글에 돌파구가 뭘까?', '나는 과연 쓸 수 있긴 할까?', '다음 숙제는 또 뭐지, 언제까지 해야 하지?'하며 마음 졸였습니다. 쓰고 또 쓰면 나아진다는데 그런 날이 올까, 하면서 다시 다음 과제를 붙잡았습니다.

이런 일을 평생 한다고? 말도 안 돼!

작가 교실에 다니면서 작가라는 사람들에 대해 한 걸음 다가선 것 같은 친근감이 들었지만, 그들을 바라보는 경외심은 더욱 높아졌습니다. '아니, 이런 일을 죽을 때까지 한다고?', '어떻게 결론도 없는 이런 일을 주야장천 하고 있냐고!'하는 생각이 점점 강해졌습니다. 그 생각은 때로는 호기심, 자주 막막함, 가끔은 분노였습니다. 하얀 모니터를 마주하고 앉으면, 아무것도 없는 허허벌판에 번쩍이는 디즈니 성을 건축해야 할 것 같았습니다. 일단 벽돌 한 개부터 쌓아야 시작하니 뭐라도 시작하려고 보면 갈 길이 너무 멀어 보여 막막했습니다. 하얀 모니터와 대적하는 그 시간은 오롯이 나만의 것이었고, 내가 이겨내야 하는 순간이었습니다. 그 부담감과 불안감은 과제를 몇 번 제출하고 글을 써보면서 받아들일 수 있었습니다.

수업을 시작한 지 몇 달이 흘렀습니다. 이제는 조금 긴 글을 과제로 써야 하는 시기가 되었습니다. 본격적으로 내 생각과 아이디어를 담은 글을 쓰기 시작했습니다. 그런데 신비한 일이 벌어졌습니다. 요즘 많이들 하는 '명상', '자기 긍정의 힘', '끌어들임'과 같은 효과가 저에게 발현하기 시작했습니다. 딸깍. 내가 쓰려는 글에 관한 생각 회로가 켜져 하루 24시간 내내 머릿속에서 빙빙 돌고 있는 것 같았습니다. 스위치가 좀체 꺼지지 않는 그 회로는 꺼질까 조마조마했지만 그만큼 힘들

없습니다. 생각을 내려놓고 의식도 쉬게 하고 싶은데 자꾸만 머릿속에서 주인공 그 아이는 울거나 웃거나 사고를 쳤습니다. 심지어 꿈에서 동화 뒷이야기가 펼쳐져 비몽사몽간에 '이거 좋은 아이디어인데, 써 놔야 하는데……' 생각하다가 졸음을 이기지 못하고 다음 날 아침에 일어나고 보면 그 무엇보다 좋은 것 같던 아이디어는 망망대해로 떠나고 감쪽같이 사라진 후였습니다. 땅을 치고 후회해도 소용이 없었습니다. 다시 한 번 내가 발을 들여놓은 이 세계, 정신이 24시간 깨어 있는 이 세계가 막막했습니다. 매일 매일 24시간을, 일주일을, 한 달을, 일 년을 어쩌면 남은 평생을 이렇게 정신 줄이 하나 켜있는 상태로 살아야 하다니요. 피로감이 몰려왔습니다.

하지만 바로 그 지점이 제가 글쓰기를 더욱 본격적으로 제대로 해보고 싶은 이유이기도 했습니다.

'사람이 마지막까지 할 수 있는 일이 쓰기라잖아, 힘내자. 포기하지 않으면 언젠가는 뭔가가 있겠지, 내가 먼저 포기하지는 않을 거야. 오래 할 수 있는 소중하고 귀한 취미가 생겼으니 얼마나 좋아?'라고, 생각하며 마음을 다잡았습니다. 미지의 세계를 찾아 떠난 탐험가가 된 기분이었습니다.

작가 교실에 등록하고 가장 좋은 건 취향이 같은 사람들이랑 함께

하는 것이었습니다. 책을 좋아하고 쓰고 싶기까지 한 사람들 틈에서 마음껏 책 이야기를 하고, 책 이야기를 듣는 것. 책을 곁에 두는 것이 자연스러운 순간순간을 공유하는 것은 큰 기쁨이었습니다.

"신춘문예에 도전하세요, 의무입니다."

어느 정도 작가 교실에 적응하고 글쓰기 과제 제출이 익숙해졌을 때도, 계속 굳게 마음먹는 것이 있었습니다. 그것은 결과물에 대한 욕심이었습니다. 끝없이 '절대로 작가 교실 졸업 전까지 멋진 결과물을 만들고자 하는 마음을 먹지 말자.' 다짐했습니다. 그렇지 않으면 저의 약간의 강박과 계획한 것을 마침표까지 찍기 전에는 신경 줄을 끊지 못하고 계속 스스로 들들 볶는 성정에 제가 견디지 못할 것 같았습니다. 이 과정 중에 많이 써놓는 것이 얼마나 큰 자산이 될 것을 알면서도, 또한 과정이 끝나면 혼자 쓸 수는 있을지 불안하면서도 그런 다짐을 하고 또 했습니다. 그렇지 않으면 수업을 듣는 내내 스트레스에 잠식당한 제 모습이 불 보듯 뻔했기 때문입니다. 하지만 등록 전부터 다짐하고, 3개월을 꿋꿋이 지켜온 저의 마음은 선생님의 한마디에 무너졌습니다. 11월 25일, 선생님께서 숙제를 주셨습니다.

"신춘문예에 도전하세요. 의무입니다."

사실 그전부터 동화 교실 카페에 신춘문예 소식이 속속 올라왔지만, 외면했던 저로서는 '신춘문예'라는 단어를 들어보기만 했지, 그게 뭔지도 잘 몰랐습니다. 그저 목표로 삼으면 피곤할 일, 마라톤 풀코스처럼 범접할 수 없는 그 어딘가였습니다. 동화 교실에 다닌다는 사람이 신춘문예가 무엇인지 공식적으로 질문하기에는 부끄러워서 슬쩍 옆에 앉으신 동기님께 물어보니, 신춘문예는 신문사에서 주최하는 문학 공모전으로 여기서 뽑히면 신인 작가로 공식적으로 인정받을 수 있다고 알려주셨습니다. 한 원고는 한 곳에만 응모할 수 있다는 기초적인 사실조차 그때 처음 알았습니다.

집에 돌아오는 전철에서 찾아보니 열일곱 신문사의 신춘문예 공모전은 12월 초에 대부분 접수 마감이었습니다. 11월 25일, 그날까지도 아무 얼개조차 없던 제가, 12월 1일까지 마감되는 신문사가 여섯 군데인 신춘문예에 어떻게 응모할 수 있겠는지 이건 말도 안 되는 도전이었습니다. 게다가 12월 1일 마감이면, 11월 29일에는 우편발송을 해야 할 텐데, 그렇다면 아직 얼개도 없는 글을 며칠 내로 완성해 신문사에 보내야 하는 것이었습니다.

그날은 한숨도 못 잤습니다. 의무라고 하셨지만, 검사할 숙제도 아니기에 못해도 상관없었습니다. 하지만 여기서 포기하면 앞으로 영영 도전하지 못할 것 같았습니다. 그리고, 두렵지만 작은 호기심도 생겼습니다. 하려고 마음먹으니, 머릿속이 와글와글하고, 너무 많은 생각들이 꼬이고 얽혀서 무엇을 어디서부터 어떻게 해야 할지 어리둥절해 새벽까지 정신의 반은 어딘가 다른 세상에 있었습니다. 오른발은 여기를, 왼발은 다른 세상을 짚고 서 있는 기묘한 기분에 사로잡혀 모두 잠든 밤, 어두운 거실을 서성여 봐도 이야기는 뒤죽박죽이었습니다.

다음 날 아침, 까끌까끌한 입을 헹구고 아침을 먹는 둥 마는 둥 하고는 생각을 정리할 겸 동네 뒷산을 걸었습니다. 이어폰도 꽂지 않고 그냥 멍하니 눈앞의 자연을 바라보려 애쓰면서 걸었습니다. 걷다가, '이대로는 안 되겠다' 싶어 머릿속에 엉킨 실타래처럼 뒤죽박죽 뒤섞여 감당 안 되는 생각들을 정리해 보려고 음성녹음 앱을 켜고 주절주절 녹음을 시작했습니다.

'이 이야기의 주인공은 **이야. 이 아이는 ***하는 문제를 가지고 있어. 한마디로 이 아이의 욕망은 ***인 거지. 배경은 ***야. 이 아이는 궁극적으로 ***하는 질문을 품고 살아. 이 아이 곁에는 ***이 있어. 이 아이는 지금 ***을 해.'

오르락내리락 산을 걷는 것도 숨이 찬데, 말까지 하면서 걸으려니 숨이 가빠 자꾸 멈춰야 했습니다. 녹음을 다 마치고 보니 20분이 넘는 분량이었습니다. 조심스럽게 저장을 누르고 보물 상자를 손에 쥔 듯 살

포시 주머니에 넣고 발걸음을 서둘러 집에 돌아왔습니다. 하지만 집에 와서 켜 본 녹음 파일은 말 그대로 먹통이었습니다. 이어폰을 통해 녹음해서 그런지 음성파일은 아무 소리도 들리지 않았고, 쉭쉭 바람 소리만 날 뿐이었습니다. 모든 아이디어가 날아가 버린 것처럼 허망했지만 좌절할 틈도 없었습니다. 머릿속에 남아있는 이야기의 가닥을 붙잡고 일단 쓰기 시작했습니다. '나중에 고칠 거야. 아무 말 대잔치라도 무슨 글자가 있어야 고칠 수 있으니까 일단 글씨를 써보자, 나중에 퇴고로 다듬을 글씨를……' 생각하며 무턱대고 썼습니다. 일단 이야기가 시작되자, 주인공은 이번에도 역시 어둠 속의 고양이 하루처럼 저를 이리저리 끌고 다녔습니다. 아주 주체적으로 저를 휘어잡고 이리저리 끌고 다녔습니다.

이야기를 만들고 만들며 이렇게 앉아 있다가 엉덩이가 의자 아래로 흘러내리는 거 아닌가 하는 망상을 했습니다. 이제껏 내 몸에 있는지 몰랐던 허리의 신경 줄 하나가 나 여기 있다고 외쳐댔습니다. 팔꿈치 관절과 손목도 저릿저릿 아팠습니다. 다리가 퉁퉁 붓는 기분이 들었지만, 막상 바라보면 붓기는 없었습니다. 그도 그럴 것이 잘 먹지를 못해서 붓기가 생길 일도 없었습니다.

며칠이 지나자, 약간의 환각 상태인 것과 같은 상태에 돌입했습니다. 지상에서 10cm 둥둥 떠다니는 기분이었습니다. 현실 세계의 희로

애락은 모두 유리막 건너로 뿌옇게 필터 처리되고, 오로지 글 생각뿐인 나날이었습니다. 먹지도 자지도 못하고 모니터 앞에서 씨름하는 며칠을 보냈습니다. 거울을 볼 때마다 조금씩 더 퀭해진 눈이 나를 보고 있었습니다. 머리는 산발이고 짠한 얼굴이었지만, 형형하게 빛나는 그 눈을 바라보며 마주 웃었습니다. 가족들에게 신춘문예 마지막 접수가 끝나는 12월 중순까지 나는 부재중이라고 아주 호기롭게 선언하고 더욱 매진했습니다.

새벽까지 혼자 모니터를 보다가 뻑뻑한 눈을 비비며 누우면 무척 피곤한데 머릿속에선 여전히 생각 회로가 돌고 있어서 잠들지 못했습니다.

'작가님들은 어떻게 이런 시간을 견뎌내며 생활하시는 걸까. 이런 것도 나름의 기술이 쌓여 관리할 수 있게 되려나. 역시 존경스러운 분들이야.'

생각하다가 깜빡 잠이 들면 아침이었습니다.

이 무렵 약 20일의 기간을 돌아보면 조매꾸가 아니라 많매꾸의 시기였습니다. 조금씩 매일 꾸준히 하다 보면 이렇게 많매꾸, 많이 매일 꾸준히 하는 시기가 오기도 합니다. 그리고 그 시기를 넘어서면 이전까지 모르던 세상이 조금 더 보입니다.

이야기가 말을 걸어오다

일단 쓰기 시작한 글은 마구마구 날아갔습니다. 내가 생각한 얼개 안에서, 캐릭터는 좌충우돌 사건을 만들며 앞으로 나아갔습니다. 장면이 마구 펼쳐질 때는 쓰는 것이 재미있어 리듬감 있게 타자를 쳤습니다. 그러다가 도저히 풀리지 않는 순간이 오면 하얀 백지에 깜빡이는 커서를 바라보며 앉아있었습니다. 그런 순간에는 이 막힌 지점을 어떻게 풀지, 풀 수는 있을지 두려웠습니다. 리듬감이 있을 때도, 멈춰있을 때도 지금 이 세계는 내가 만든 세계이며, 얼마 전까지는 나도 몰랐던 세계라는 생각을 했습니다. 한마디로 내가 계속 구축하지 않으면 그대로 사라질 세계라는 자각은 다시 나아가야 한다고 나를 일으켜 세웠습니다. 내가 만든 인물은 나로 인해 생명을 가지고 움직이고 살아가는 주체가 되었으니 그 세계를 지켜주고 싶었습니다. 내가 멈춘다면 그 아이가 비록 글 속 세상이긴 해도, 잠깐이나마 존재했던 것은 아무도 모를 것이었습니다.

당연한 이야기이지만 세상에 없는 이야기를 창작하면서 감각하는 '내가 만든 세계', '내가 만든 인물'은 특별했습니다. 그 아이는 풍선 인형 같았습니다. 내가 타자 치기를 멈추면 사라질 세계에서, 내가 외면하면 점점 바람이 빠지다가 납작하게 늘어져 어딘가 구석에 퍼져버릴 것이었습니다. 저는 마치 마리오네트 인형극의 조종사가 된 것 같은 기분으로 나의 그 아이가 누워 잠들어 버리지 않도록, 다시 일으켰습니다. 나만 아는 아이지만, 그래서 더욱 이 시선을 거둘 수가 없었습니다. 비록 세상에 나가지 못해 아무도 안 읽는 작품으로 끝나더라도, 이야기의 마침표는 찍어주고 싶었습니다. 그래야 주인공이 스스로 살아갈 수 있을 것 같아서 마음에 드는 마침표가 나올 때까지, 아니 일단은 처음의 마침표까지는 찍기 위해 애썼습니다.

한 세계를 만드는 것, 한참 쓰다가 다시 backspace를 마구 쳐서 다 없앤 후, 다시 쓰는 일. 그래서 주인공의 대사가 바뀌고 조금 더 내가 생각한 이야기에 가닿는 일. 그런 일들이 무척 흥미로웠습니다. 등장인물은 청바지든 드레스든 제가 타자 치는 대로 옷을 입었고, 토마토주스든 스무디든 제가 타자 치는 대로 먹었습니다. 그러다가 그 아이가 "싫어, 이건 나한테 안 어울리잖아?"하며 반항하면 저는 즐거워하면서 backspace를 다시 눌러 원하는 옷과 음식을 주었습니다. 그 과정에서 말할 수 없이 특별한 감정이 솟아올랐습니다. 이 아이의 세상과 나의 세상을 연결해 주고 싶었습니다. 어딘가 살아있을 것 같아서 만나고 싶었지만, 그 아이를 만나려면 내 머릿속의 상상에 골몰하는 방법밖에는 없었습니다.

작가는 화가? 영화 감독?

퇴근하고 집에 달려와 여섯 시부터 새벽까지 글을 쓰는 날들이 2주 정도 지속되면서, 글쓰기는 글씨로 그리는 그림을 그리는 일 같다고 생각했습니다. 한 글자 한 글자, 내 마음의 붓에 물감을 찍어 조심스럽게 그림으로 풀어내고, 마음속 그림을 글로 옮겨 적고 있구나, 싶었습니다.

조심스럽게 타자 치다 보면 그림 속 인물이 말을 걸어오고 나는 누에고치가 되어 얇고도 얇은 비단실 한 줄을 내 마음속에서 자아내고 있는 것 같은 착각이 들었습니다. 그 얇은 실이 얼마나 향기로운지, 얼마나 달콤한지, 너무 얇아서 잘 보이지도 않는 실 한 가닥이 세계로 세상으로 너울너울 풀어헤쳐지고 있는 모습을 상상하며 글을 썼습니다.

정성스럽게 모니터 화면 속, 아무도 모르는 나의 그림을 마주했습니다. 이 그림은 나만 아는 그림이기에, 무엇이 보이는지 낱낱이 살펴보기 위해 더욱 집중하기 위해 애썼습니다. 매일매일 일정 시간을 글에 집중하는 훈련을 하다 보니 이 집중한 마음이 흩어질까, 봐 재채기는커녕 크게 소리 내어 말도 못 하겠고, 다른 글은 읽지도 못하는 이상한 신경증적인 상태에 도달했습니다. 오롯이 내 것인 나의 세계가 그대로 더욱 풍성해지고 풍성해질 수 있도록 조금 더 파고들었습니다.

일단 초고가 완성되자 이제 퇴고의 과정으로 넘어갔습니다. 거칠게 초고를 완성하는 것은 글쓰기의 시작이자 극히 일부일 뿐이었습니다. 그만큼 퇴고의 길은 멀고도 험해서 고쳐도 고쳐도 끝이 없었습니다. '퇴고'라는 것이 정답도 없기에 고치고 다시 고치고, 또 고쳤습니다. 심할 때는 전체를 갈아엎기도 했고 미세하게 보다 적합한 단어로, 적절한 꾸밈말로 어휘 하나를 바꾸기도 했습니다. 퇴고하면 '과연 남들이 알아챌까?' 싶을 만큼 아주 미세하게 바뀌지만, 그래도 고치면 고칠수록 전보다 조금은 매끄러워져 조금 더 읽을 만한 글이 되었습니다. 마치 부드러운 필터가 씌워져 턱하고 막히는 부분이 줄어드는 것 같았습니다. 지난한 과정이었습니다. 같은 글을 읽고 또 읽다 보니 마치 머릿속에 하나의 영화가 상영되는 기분이었습니다.

'글씨를 읽는데 영상을 보고 있는 이 기분은 뭘까?'

그리고 생각했습니다. 작가는 화가나 사진사가 아니라, 영화감독이며 글쓰기 과정은 작가가 혼자 만들어 낸 시나리오를 머릿속에서 영화로 제작하는 것이 아닐까? 하고요.

내가 글로 표현하려는 이 영화는 내 머릿속에만 존재하기 때문에, 저는 머릿속에서 영상을 촬영하고 천천히 아주 천천히 상영하며 그 장면을 글로 옮겨 적었습니다. 머릿속에서 상영하면서 옮겨 적다가 어색하면 필름을 거꾸로 돌려 다시 찍었습니다. 다시, 또다시, 첫 번째 상영에서는 잘 보이지 않던 것들과 주변 상황들도 글로 녹였습니다. '내 머릿속의 영상을 글로 풀어내고, 독자는 다시 이 글을 그의 머릿속에 영상으로 그릴 텐데 그 간극이 없어야겠지? 아니지. 독자의 몫이지. 어떻게 해석하든 그건 자유니까. 그래도 오해는 없어야지, 내가 표현하고자 하는 것이 오류 없이 전달은 되어야 할 텐데…….' 머릿속이 복잡했습니다. 나는 알고 독자는 모르는 상황이 배경이 된 장면은 나오지 않도록 하고 싶었습니다. 갑자기 튀어나온 장면이나 장치는 없는지, 등장하는 모든 사물과 인물은 개연성과 당위성이 있는지 살폈습니다. 서술 내용이 사회·과학적 사실과 오류는 없는지, 혹시 다른 작품에서 읽은 부분을 나도 모르게 비슷하게 쓰고 있지는 않은지 끊임없이 검열했습니다. 어휘력의 한계를 느껴 딸아이 책꽂이에 꽂힌 국어사전을 옆에 가져다 두었습니다.

그럼에도 불구하고 힘든 창작 과정에서 내 글을 읽는 독자가 있다면, 내 주인공은 읽는 과정에서 나름의 방식으로 이해될 것이며 새롭게 태어날 거라는 상상은 저를 설레게 했습니다. 어린이의 머릿속에 어떤 영상이 상영될지 무척이나 궁금해하며 글을 써 내려갔습니다.

수취인 **신문사 신춘문예 담당자 앞

그렇게 조금씩 매일 꾸준히 하다가 결국 많매꾸로 완성한 신춘문예 응모원고를 들고 우체국에 방문해 서류를 접수하던 날의 기쁨은 이루 말할 수 없었습니다. '최근 몇 년 사이 이렇게 심장이 쿵쾅댔던 일이 있었나?' 싶을 정도로 심장이 뛰었습니다.

택배 창구의 우체국 직원은 전혀 신경도 안 쓰는데 저 혼자 괜히 〈수취인:**일보 신춘문예 담당자 앞〉이라고 적힌 서류 봉투를 내밀면서 으쓱했습니다. 우편물을 접수받고 난 후에도 우체국 직원은 조금전과 다름없는 친절한 미소로 저를 바라봤지만, 저는 꼭 응원의 마음이 담긴 미소처럼 보여 눈짓으로 감사인사를 전했습니다. 우체국을 나서면서는 길 가는 아무나 붙잡고 "저 신춘문예 응모했어요! 지금 막 우체국에 들러서 등기서류 보냈어요!"라고 자랑하고 싶은 마음을 붙들어 매어야 했습니다.

내 안에서 세상에 없던 이야기가 튀어나왔고 결국 완성되었다는 사실, 불가능해보였던 일에 도전하기로 마음먹고 결국 해냈다는 사실을 믿을 수가 없어 폴짝폴짝 뛰고 싶었습니다. 내가, 내가 절대 목표에 두지 않고자 외면했던 일, 내 글의 마침표를 찍는 일을 결국 해냈다는 사실이 하나의 한계를 훌쩍 뛰어넘은 것처럼 느껴져 말할 수 없이 뿌듯했습니다.

그리고 2023년 마지막 날을 맞았습니다. 그 어느 해보다도 비관적으로, 우울하게 시작한 2023년을 떠나보내던 날에는, 그 어느 해보다도 꽉 찬 감사와 행복을 느꼈습니다. 세상 그 누구도 강제하지 않은 일, 순수하게 내가 하고 싶어서 한 일, 나 혼자 묵묵히 한 일이라 더 기뻤습니다.

신춘문예 당선작은 1월 2일 새해 첫 신문에 발표가 납니다. 사실 당선되면 발표 전에 개인 연락을 주신다고 했는데, 저는 연락을 받은 게 없어서 이미 당선의 기쁨은 물 건너갔다는 것을 알고 있었습니다. 그렇게 맞이한 연말이었어도, 내 세상에 다른 사람은 아무도 모르는 아이들이 넷이나 생긴 한 해라는 사실이 감격스러웠습니다. 어쩌면 자연스럽게도 신춘문예 도전 결과는 꽝이었지만, 태어나 처음으로 신춘문예에 응모를 해보는 것은 새로운 도전이었고 저의 인생에 큰 사건이었습니다.

어린이책작가교실 선생님께서 본인이 제출한 신문사의 새해 첫 신문을 꼭 보라고 하셔서 1월 2일에는 신문사 홈페이지에 접속했습니다. '당선작이 뭘까? 후훗. 내 작품도 그 작품과 경쟁작이었다고!' 혼자 웃으며 제가 도전한 신문사에 접속해 당선작과 심사평을 읽었습니다. 그런데, 심사평을 읽어 내려가다가 어느 글귀에서 뚝, 멈추었습니다. 심사평에 제가 제출했던 작품에 대한 한마디 언급이 있었던 것입니다.

"숙성시키면 경쟁작이 될 것이다."

숙성시키면 경쟁작이 될 것이다. 숙성시키면 경쟁작이 될 것이다. 숙성시키면 경쟁작이 될 것이다. 심사위원님은 알까요? 이 열세 글자가 넘어진 한 사람을 일으켜 세워주었다는 사실을, 이 열세 글자로 다시 한 번 하늘색 꿈을 더 간절히 품어볼 수 있었다는 것을 말입니다. 제 글이 언급된 신춘문예 평을 읽고 마음에 불꽃이 팡팡 튀었습니다. 희망을 확인하는 순간. '뭔가 해볼 수도 있겠다.', '더 노력해 봐야겠다.' 하는 마음이 거칠게 일었습니다. 원고를 다듬어야 한다고 생각하고 있었지만 막막해 미루고 있던 저에게 이 한 줄 심사평은 뜨거운 연료가 되어주었고 우체국에 다녀온 후, 열어보지 않았던 원고를 다시 고쳐보기로 했습니다.

내가 움직이지 않으면 아무 일도 없어

내가 움직이지 않으면 아무 일도 일어나지 않는 것이 창작의 세계입니다. 그만큼 냉혹하고 무서운 곳이기도 하지요. 숙성시킨다는 게 무슨 의미인지 몰라 그 의미부터 고민해야 했습니다. 어디서부터 어떻게 손을 대어야 하나 막막해 망설이고 머릿속으로 이리저리 구상하다가 날짜가 지났습니다. 더 이상 미룰 수 없어, 제 컴퓨터 하드에 널브러져 있는 주인공 서아를 다시 불러내어 읽어보았습니다. 작품은 제 기억과는 조금 달랐습니다.

'이렇게 넘치는 이야기를 원고지 30매에 그렇게나 꾹꾹 눌러 담았었구나!'

저의 작품이 제 기억과 달라서 매우 당황스러웠습니다. 다시 읽은 원고는 마치 더 이상 들어가지 않는 여행 캐리어에 꾹꾹 눌러 담아 닫히지 않는 지퍼를 겨우겨우 잠그고 문을 닫은 꼴이었습니다. 단편에 어울리지 않는 소재를 꾸역꾸역 담아두었으니 매끄럽지 못하고, 이야기는 꽉 찬 것도 모자라 넘쳐흐르고 있었습니다. 이야기를 흩트려 300매 원고에 어울리는 얼개로 수정하였습니다. 30매 원고에 꾹꾹 눌린 이야기들을 설설 풀어내고, 추가 에피소드를 넣어 자연스러우면서도 재미있는 원고를 완성하기는 사실 초보 작가에게는 무리입니다. 어느 정도의 얼개면, 어느 정도의 에피소드면 쓸 수 있다는 감이 없던 저는 150매까지 가면서도 밤이고 낮이고, 300매까지 잘 갈 수 있을지 걱정되어 다른 것은 아무것도 하지 못했습니다. 내가 할 수 있는 일은 오직 이 원고의 글자를 하나씩 둘씩 써 내려가는 것이었습니다. 마지막 마침표를 찍기 전까지 몇 매가 나올지 모르니 꾸벅꾸벅 졸면서도 침대에 누울 수는 없었습니다. 도저히 풀리지 않는 장면에서 멈추고 기절하듯 자고 일어나 다시 원고를 마주했을 때 생각지 못했던 물꼬가 트였습니다. 그럼 다시 이어서 썼습니다. 이야기의 뒷부분을 쓰다가 인물 캐릭터나 사건의 소소한 설정 변경이 필요하면 앞으로 이동해서 수정했습니다. 불안하던 마음을 잡고, 이제 이대로 쓰면 300매까지는 갈 수 있겠다, 안심하는 마음은 230매를 넘어섰을 때에야 겨우 찾아왔습니다.

> 1월 21일 얼개 #3까지 63.7매
>
> 1월 21일 얼개 #7까지 완료 83.7매
>
> 1월 22일 얼개 #8까지 완료 131매
>
> 1월 23일 얼개 #10까지 완료 231매
>
> 1월 24일 얼개 #12까지 완료 276매
>
> 1월 25일 얼개 #14까지 완료 281매
>
> 1월 26일 얼개 #16까지 초고 완료, 314.2매

마침내 57,480자의 원고가 마무리되었습니다. 초고를 완성하고 마침표를 찍는 순간, 아주 오랫동안 꿈꾸던 일이 더 이상 꿈이 아니라는 깨달음이 왔습니다.

그저 기뻤습니다. 누군가에게 가 닿는 상상. 어릴 적 제가 그랬던

것처럼, '이 책 너무 재미있다.' 하며 가만히 안아주는 독자가 있어서 또 다른 연결이 일어나는 상상을 했습니다. 그런 화학작용이야말로 작가인 저를 상상하면서 생각하는 가장 큰 기쁨이었습니다.

무언가 벌어지고 있어!

몇 달이 지났습니다. 글쓰기는 지난한 과정이라서 매일 칼을 갈 듯 나를 벼려야 뭉툭해지지 않고 날카롭게 이 맥락과 상황에 가장 적합한 언어로 내 생각을 표현할 수 있는 일입니다. 그래서, 지금 타이핑하는 이 글이 내일의 무슨 결과물이 되지 않더라도 그저 혼자만의 숫돌에 칼을 가는 심정으로 매일 글을 써야 하죠. 누가 시키지 않아도, 결과물이 어찌될지 모르는 글을 꾸준히 쓴다는 것은 여간 어려운 일이 아닙니다. 하지만 이 터널을 빠져나갈 키워드는 태도에 있겠죠.

조금씩, 매일, 꾸준히.

중학교 때 친구와 매일 저녁 9시에 집 앞 놀이터에서 만나 줄넘기를 했었습니다. 처음 줄넘기를 한 날은 200개만 해도 숨이 가빴습니다. 하지만 매일 같은 시간에 나가 줄넘기를 했더니 점차 300개, 500개도 한숨에 했습니다. 결국 매일 2,000개의 줄넘기를 하는 내가 되고, 멈추고 싶지 않아 한동안 꾸준히 했습니다. 살다가 가끔 힘이 들면 줄넘기하던 여중생인 저를 기억합니다. 꾸준히 매일 작은 반복을 했을 때 조금씩 달라지던 저를요.

이제는 동화 쓰기, 글쓰기를 그때의 줄넘기처럼 저의 일상 루틴으로 넣으려고 애쓰며 살고 있습니다. 조매꾸 원고를 쓰기 시작하면서, 아직 작품을 출간하지도 않은 초보 작가 지망생인 제가 '쓰기'를 꾸준히 했더니 이런 일이 생겼다. 하는 글을 쓰는 것에 대해 고민했습니다. 훌륭한 작품을 쓰시는 작가분들이나 창작을 위해 오늘도 고심하고 계실 글 쓰는 분들이 제 글을 읽는다면 어떤 생각을 하실까 부끄럽기도 했습니다. 하지만 이런 마음이 저에게 휘발되는 것이 아쉬웠습니다. 초보 작가 지망생으로서 아직 아무것도 성과가 없지만 뭔가 꾸준히 쓰던 처음의 마음을 기록하고 싶었습니다. 이 신인만이 가질 수 있는 어떤 열정, 뜨거움, 새로움을요.

조금씩 매일 꾸준히 하는 힘은 생각보다 힘이 무척 셉니다. 머릿속에 생각이 떠오를 때는 결과를 고민하지 말고 일단 시작하는 것이 좋습니다. 그리고 그를 위해 오늘 할 수 있는 일을 조금씩이라도 꾸준히 실천하면 결국 됩니다. 포기하지 않는 자만이 목표에 다다를 수 있다고 독일의 천재 작가 괴테도 그랬잖아요. 한 사람으로서 도저히 이루어 낼 수 없는 그 수많은 성취를 이룬 괴테도 결국 조매꾸의 삶을 살았던 게 아닐까요?

조매꾸 원고를 쓰고 퇴고하며 넉 달이 지났습니다. 오늘의 저는 신춘문예에 도전하는 저 때처럼 하루 예닐곱 시간을 쓰고 있지 못하기에, 제가 읽으면서도 저 때의 제가 낯설게 느껴집니다. 그래도 여전히 저는 조매꾸, 때로는 많매꾸 하면서 주경야독으로 글을 쓰고 있습니다.

그 결과로 교육 서적, 그림책 두 권, 몇 편의 동화들, 그리고 공저 원고를 완성했습니다. 퇴고하며 다듬어야 하지만 꾸준히 글을 쓰는 시간이 쌓여 하나씩 하나씩 원고가 되고, 퇴고를 거쳐 작품으로 도약하고 있습니다.

동화쓰기를 하다보니 자꾸만 제가 구성한 '교사 교육과정'으로 프로젝트 수업을 했던 장면들이 떠올랐습니다. 내 마음에 이렇게 아름답게 반짝이는 장면으로 남아 동화에까지 녹아들 정도면, 누군가에게도 아름다운 장면이 될 수 있겠다는 생각이 들었습니다. 곧바로 원고 작업을 하고, 1챕터를 다 쓴 후에 후배 선생님 몇몇 분께 보여드렸습니다. 원고를 보신 선생님들은 책 내용이 자신에게 꼭 필요한 이야기라고 책으로 엮어 달라고 하였습니다. 그렇게 '교사 교육과정'을 주제로 밤을 새워가며 조매꿈의 마음으로 작성한 원고는 감사하게도 출판사를 만나, 올 여름 출간 예정입니다.

그림책을 사랑하는 교사로서 학교를 사랑하는 마음, 입학하는 어린이들에게 건네는 마음을 담아 쓴 학교 이야기, "어서와, 나는 학교란다."(가제)도 출판사와 그림작가를 만나 작업 중입니다. 또, 앞서 언급했던 찐빵 이야기, "나는 찐빵"(가제)도 지난한 퇴고 끝에 출판사와 그림작가를 만나 작업 중입니다. 호호불며 찐빵을 먹는 계절이 오면, 독자들과 마주보고 찐빵 이야기를 나누는 북토크를 꿈꿉니다.

꿈꾸던 동화의 길은 아직 멀어서 손에 닿지 않았지만, 꾸준히 쓰고 있습니다. 어제 최선이었던 원고를 오늘 다시 퇴고하면서 또다시 부족한 점을 찾고 더욱 날카롭게 벼리는 과정은 기쁨입니다. 일 년 전에는 꿈일 뿐이던 작가의 길에 발을 딛고 한 걸음씩 꾸준히 걷다 보니 이제는 꿈이 조금씩 현실로 그려집니다. 상상 속에만 존재하던 출판사와 메일을 주고받거나 내 책의 편집자를 만나는 일은 무척이나 행복합니다.

처음 작가가 되고 싶다고 생각했던 초등학교 5학년 때로부터 지금은, 장장 33년이 흘렀습니다. 33년간 품었던 꿈, 가닿고 싶지만 실패할까 두려워 시도조차 하지 않았던 꿈은, '일단 해보자. 안 해보는 것보다는 낫겠지!' 하는 작은 용기로 한 발짝 가까워졌습니다. 딱 그만큼의 용기가, 두려워도 그냥 일단 해보는 마음이, 힘든 세상 뚜벅뚜벅 살아가는 작은 습관이 결국 내가 모르던 나를 만날 수 있게 이끌어 주었습니다.

꿈은 목적지가 아닙니다. 도착은 언제나 새로운 시작이며, 또 다른 출발입니다. 삶은 지금, 이 순간도 진행형이므로 저는 제가 좋아하는 것을 향하여 조금씩 매일 꾸준히 노력하며 나를 원하는 곳으로 이끌며 살 것입니다. 지금의 순간이 모여 나의 삶이 된다면, 매 순간을 나로서 살아야 하니까요.

언제나 나와 함께인 나는 나를 실망시키지 않기를 바랍니다. 작은 습관을 꾸준히 실천해 나가는 모습이 믿음직하면 더 좋겠고요. 글을 닫으며 글쓰기라는 활동이 매력적이지만 언제 갑자기 아무것도 못쓰는 순간이 올지 두렵기도 합니다. 그리고 여전히 그저 평범한 제가 '쓰기'에 대해 이렇게 글을 쓰는 것이 맞나 하는 생각도 듭니다. 하지만, '쓰는 행위'의 사랑스러움을, 쓰면서 차올랐던 마음을 나누고 싶었습니다. 쓰고 싶은 열망이 있지만 꾸준히 쓰는 것이 얼마나 어려운지 아는 제가, 그래도 꾸준히 해보고 조금 삶이 달라진 제가 쓰고 싶지만 망설이는 분들께 응원드리고 싶었습니다. "매일 행복할 수는 없지만 행복할 일은 매일 있다"는 곰돌이 푸의 말처럼 매일 글을 쓰다보면 행복할 일이 생길 거라고 말씀드리고 싶었습니다.

미래의 내가 무엇을 꾸준히 하든 그 목록에 글쓰기는 함께 있기를 바라며 가만히 내 어깨를 토닥입니다. 애썼어, 잘했어.

조매꾸 복리 효과

김병수

조매꾸가 답입니다. 평범한 사람이 가능한 성공 법칙에는 조매꾸 정신이 있습니다. 특별한 사람은 해당되지 않을 수 있습니다. 하지만 저처럼 지극히 평범한 사람에게 가장 필요한 건 조매꾸 정신입니다. 조금씩 매일 꾸준히, 이 정신의 힘은 참으로 놀랍습니다. 제 인생의 터닝 포인트도 모두 조매꾸 정신이 함께했습니다. 인생은 마치 마라톤과도 같습니다. 초반에 전력질주해서 끝까지 갈 수 있다면 얼마나 좋을까요? 하지만 현실은 그리 녹록하지 않습니다. 초반에 모든 힘을 다 쏟아버려 소진되기보다 꾸준함의 힘으로 결국 완주에 성공하는 것. 그때 느끼는 뿌듯함과 희열은 그 무엇과도 바꿀 수 없는 가치일 것입니다. 남들보다 뭐하나 뛰어난 게 없는 저처럼 평범한 사람이 할 수 있는 마법의 조매꾸 복리 효과, 조매꾸 성공 방법 여덟 가지를 소개해봅니다.

첫째, 일단 고독해져야 합니다. 삶의 밀도를 높이기 위해서 무언가 목표를 정했다면 이전까지 했던 삶의 패턴에서 많은 것을 버릴 각오를 해야 한다는 말입니다. 인간관계부터 각종 모임, 이전까지 했던 이런 것들을 잠시 내려놓을 필요가 있습니다. 인맥에 집착하지 말라는 말을 많이 들어보셨을 겁니다. 무언가에 몰두하고 집중해야만 원하는 결과에 조금이라도 가까이 갈 수 있습니다. 저는 작은 목표 하나하나를 달성하고 그것들을 이룰 때마다 철저하게 고독해졌습니다. 이것은 자기 자신과 그리고 가족과 가장 많이 만날 수 있는 기회이기도 합니다. 자신과 더 많이 대화하고 더 많이 성찰하고 어쩌면 세상에서 가장 소중한 자기 자신에 대해서 탐색하는 시간이 되기도 합니다. 또한 인간관계에 대해서 다시 한 번 생각해 볼 계기가 되기도 합니다. 정말 소중한 사람들은 당신을 진심으로 응원하고 기다려줄 것입니다. 그리고 작은 목표 하나를 세운 후 조건 없이 무조건적으로 희생적인 마음으로 몰입해야 합니다. 어떤 일이든지 대가를 바라고 처음부터 하려는 생각보다는 손익이 아닌 가슴 뛰는 일에 마음을 다하는 모습을 보인다면 몇 개월 뒤 당신은 '신뢰'라는 엄청난 보답을 받을 것입니다.

버리기를 못하는 사람은 절대 자신의 방 안에 또 다른 것을 채울 수 없습니다.

최대한 심플하게 자신의 삶의 습관을 만들어보세요.

그것이 바로 조매꾼 정신의 기본이며, 진짜 중요한 일과 그렇지 않은 일의 우선순위를 정하는 것. 삶의 철학으로 그것들을 지켜 나가야 합니다.

둘째, 일단 지금 하고 있는 일에 최선을 다할 것. 진부하게 들릴지 모르지만 현재에 충실하는 것은 기본입니다. 직장에서 축구 스포츠 클럽을 지도해서 경기도 우승까지 거둔 성과가 있었습니다. 체육 교과도 아니었고 일반 교과였지만 맡겨진 일에 최선을 다한 결과였습니다. 작은 시골 학교에서 경기도 우승까지 시킬 수 있었던 이유에는 결국 끈질긴 조매꾸 정신이 있었습니다. 지금 있는 직장과 과업에 만족하는 사람들이 과연 몇이나 될까요? 불평하는 사람이 되기보다, 남들이 하지 않으려고 하는 일을 잡았을 때 기회로 만드는 일. 무엇보다 지금 위치에서 맡겨진 일에 최선을 다하는 일이 무엇보다 중요합니다.

남들이 하지 않으려는 일들은 때로는 자신에게 엄청난 기회가 될 수 있습니다.

차이를 만들어내는 일은 누구나 다 할 수 있는 일을 하는 것이 아닌 남들이 하지 못하는 일을 멋지게 해내는 것에 있습니다.

셋째, 두려움 없이 도전하고 실행하라. 계획을 중요시하는 사람들은 언제나 곁에 많습니다. 하지만 실행까지 가는 사람은 그리 많지 않습니다. 저는 필리핀, 프랑스 해외파견에 도전했습니다. 깊고 넓은 세계를 직접 경험했던 도전과 최종 합격 성과는 세상을 인식하는 눈을 바꿔주었습니다. 프랑스 해외파견의 경우 해당 과목 전국 1명이었지만 역시 두려움 아닌 설렘의 조매꾸 정신으로 해낼 수 있었습니다. 초반에 해외파견을 준비할 때 해외에서 어떻게 수업을 하고 소통하려 하느냐고 걱정스런 시선들이 많았습니다. 하지만 중요한 건 설렘과 긍정의 마인드셋입니다. 상황인식을 철저히 하고 어려운 상황조차도 긍정으로 승화시는 마인드. 설렘을 안고 살아가는 오늘과 내일의 마인드는 무엇보다 중요합니다. 두려워하지 말고 일단 도전하고 실행하라. 이것이 제가 얻은 깨달음입니다. 거창하고 정교한 계획보다는 실행이 먼저입니다. 실행하며 수정하고 또 개선시켜 나가면 됩니다.

이때 가장 중요한 점은 비난하거나 안 될 거라고 말하는 사람들을 멀리하는 일입니다. 비난하는 다른 사람의 의견에 크게 귀 기울일 필요는 없습니다. 자신을 응원하는 사람들 그리고 자신의 마음의 소리에 더 귀를 기울이세요. 타인의 의견에 크게 흔들릴 필요는 없습니다. 자신이 감당할 감정의 크기만큼만 담아보세요.

넷째, 조금씩 매일 꾸준히. 바로 조매꾸입니다. 유튜브를 시작한지 1년 안에 3만 구독자를 달성할 수 있었습니다. 바로 '조매꾸 지덕체로' 채널입니다. 누군가에게는 큰 숫자이고 또 누군가에게는 작은 숫자일 수 있습니다. 여기서 중요한 건 기준은 자기가 정하는 것입니다. 세상의 기준이 아닌, 자신의 기준에 도달하면 행복해질 수 있습니다. 조회수가 많이 나오지 않더라도, 꿋꿋하게 공익성과 지속성을 가지고 시도해보는 것. 사람들의 편견과 부정적인 시선에 감정을 쏟기보다는 채널을 분석하고 긍정의 피드백을 반복하고 조매꾸 정신으로 지속적으로 끈질기게 해나가는 것. 이것이 바로 우연한 행운의 비밀입니다. 노동이외의 실제 투자금이 들어가지 않는 온라인에서의 노력은 시간이 지나고 양질의 컨텐츠가 쌓이면 복리의 마법이 되어 돌아오기에 지금이라도 생산자의 삶을 시작하라고 말씀드리고 싶습니다. 모든 사람은 크리에이터라고 생각합니다. 글이든, 음악이든, 미술이든 그 어떤 걸로든 표현하는 사람은 아름답습니다. 소비자가 아닌 생산자로 거듭나는 일. 자신의 감정과 자신이 지향하는 바를 그 어떤 방식으로든 표현하고 축적하고 그것을 알리는 일은 생각지도 못한 기회를 가져다 줍니다. 방송국에서 연락이 올 줄은 생각도 못했던 저에게 일어났던 일도 마찬가지입니다. 평범한 사람도 조매꾸하면 우연한 행운이 찾아옵니다.

다섯째, 내 주변에 있는 거인을 찾는 일. 자세히 관찰해보면 내 주변에 정말 대단한 능력자들이 많다는 것을 알 수 있을 겁니다. 내가 원하는 일에 내가 목표하는 일에 가장 빠르게 갈 수 있는 방법은 내가 가는 그 길의 최고를 만나 직접 경험하고 직접 부딪혀 보는 방법입니다. 분명 당신 주변에는 수많은 거인들이 있을 것입니다. 용기를 내는 일, 그리고 말을 먼저 걸어보세요. 가까이 다가가보세요. 내 주변의 거인들은 대부분 따뜻하고 친절할 겁니다. 거인이 되기까지의 숱한 경험들, 시행 착오들. 미리 경험했던 수많은 사례들. 진정성 있는 조언 듣기. 무조건 해야 할 일입니다. 꼭 사람이 아니더라도 책으로도 영화에도 수많은 거인들이 지금도 살아 숨 쉬고 있습니다. 집요하게 매달리고 찾아보세요. 그들만의 방법에서 지혜를 찾는 일은 무엇보다 중요합니다. 돌고 돌고 돌아서 가는 길보다 가장 빠른 지름길로 가는 방법은 바로 내 주변의 거인과 1대1 소통하는 것입니다.

여섯째, 최고의 팀을 만들고 최고의 팀원을 구축하기. 본인이 할 수 있는 일을 다른 사람이 의심 없이 기꺼이 해줄 수 있는 팀을 만들고 팀원을 구축해보세요. 우연한 행운은 그냥 오지 않습니다. 본인의 희생과 봉사정신, 타인에 대한 배려는 그 배가 되어 자신에게 돌아올 겁니다. 혼자가지 말고 반드시 이미 있는 최고의 팀에 들어가거나 또는 자신의 팀을 구축해보세요. 모든 건 연결되고 어떤 효과가 나올지 누구도 예상 못할 정도의 기대 효과가 나올 겁니다. 함께 했을 때의 효과는 상상 이상입니다. 관계가 만들어주는 강력한 힘. 이제 그 팀원이 되거나 팀장이 되거나 둘 중 하나 선택해보세요.

일곱째, 배움의 투자는 멈추지 마세요. 우연한 행운이 어느 정도 찾아왔을 때 독서와 글쓰기 강의 등 자기계발에 소홀하거나 배움에 투자를 끊어버리는 사람들이 있습니다. 우연한 행운은 결코 절대 오지 않습니다. 끊임없이 공부하고 끊임없이 대가들을 만나고 끊임없이 기록하고 끊임없이 컨텐츠를 생산해 내는 일. 반드시 배움에 최소한의 투자를 아끼지 마세요. 아깝다고 생각하지 말고 자신의 오늘과 내일에 투자를 과감히 해보세요. 반드시 한 달 소비되는 금액 중에 자기계발 예산과 시간을 잡아놓으세요. 이것을 잡아 놓는 사람과 그렇지 않은 사람의 미래는 현격하게 차이가 날 겁니다. 오프라인 강의, 온라인 강의, 각종 이벤트. 그 많은 것들 중에서 이것저것 찾아다니는 것이 아닌 자신이 지향하는 그 길을 먼저 가는 사람들의 강의를 선별하여 들어보고 끊임없이 관찰하고 분석해보세요. 분명 해답이 찾아오고 실마리가 잡힐 겁니다.

여덟째, 건강한 체력을 위한 나만의 운동 루틴을 무조건 만들기. 위 모든 것들의 가장 기본 베이스는 무엇보다 바로 체력입니다. '운동=밥이다'라는 생각으로 가장 우선순위에서 건강을 유지할 수 있고 즐거움을 주는 나만의 운동 루틴을 무조건 만들어보세요. 그리고 그 운동을 인증하고 기록하며 주간, 월말 결산할 데이터까지, 철저하게 관리하세요. 삶의 조화로운 균형 속에서 우연한 행운이 즐겁게 찾아오게 만들려면 운동 루틴은 반드시 잡고 가세요. 저의 경우에도 아침에 일어나 가장 먼저 하는 일은 스쿼트와 푸쉬업 그리고 러닝입니다. 우선순위에서 건강보다 더 앞서야 할 게 과연 있을까요?

이제 위 여덟 가지의 구체적인 사례들을 들려드리려고 합니다. 조금씩 매일 꾸준히로 이뤄낸 삶의 작은 변화들, 그리고 아름다운 그 성장의 이야기를 시작합니다.

ONE BOOK ONE MONTH(오봄쌤의 탄생)
200시간의 법칙

책쓰기에 몰입하기로 마음먹었습니다. 오랫동안 간절히 원해왔던 일, 올해는 그 일에 몰입하기로 마음먹었습니다. 그 결과 4개월 만에 개인 저서 두 권, 공저 1권이 출간되었고 앞으로도 출간이 계획된 책이 여러 권 됩니다.

이런 날을 상상해 본 적이 없습니다. 바로 작년까지는 말이죠. 이런 세상으로 초대될 거라는 것을 알지 못했습니다. 이전까지와는 전혀 다른 하루하루가 계속되고 있습니다. 그 이야기를 해보겠습니다. 한 달에 한 권 책을 내는 것으로 강의까지 하게 된(ONE BOOK ONE MONTH) OBOM쌤의 이야기입니다.

어떻게 저처럼 평범한 사람에게 이런 일들이 벌어졌을까요? 차이는 결국 무엇이 만들어내는 걸까요? 계획을 하고 시도해보는 일, 그리고 그 안에서 가장 필요한 꾸준함. 그것들이 이런 것들을 가능하게 만들었습니다.

삶의 밀도를 끌어올리는 일은 무엇보다 중요합니다.

전 축구 국가대표 이영표 선수가 말했던 것처럼 하고 싶은 일과 해야 되는 일 중 분명 해야 되는 일을 먼저 해야 합니다. 적어도 내가 꿈꾸는 오늘과 내일을 살기 위해서는 말이죠. 그러기 위해선 가장 중요한 게 버리기입니다.

정말 중요한 일이 아니라면 잠시 진짜 하고 싶은 일들을 위해서 과감히 버려둬야 합니다.

여러분들이 간절히 원했던 어릴적 꿈은 무엇이었나요? 저는 학창 시절 문학 소년이었고 베스트셀러 작가가 될 줄 알았습니다. 글 쓰는 걸 정말 좋아했던 문학 소년이었지만 직장을 잡고 교사로 일을 하면서도 책을 낸다는 생각을 감히 시도조차 하지 못하고 살아왔습니다. 그러다 프랑스 해외 파견교사 강의를 한 후 강의 후기에서 선생님의 이야기를 책으로 만나보고 싶다는 이야기를 들었습니다. 바로 그때였습니다. 당시 같은 학교에 근무하던 선생님께서 책을 써보라고 권해주셨습니다.

"선생님은 선생님만의 특별한 컨텐츠가 있잖아요."

바로 그 말에 용기를 얻고 글을 쓰기 시작했습니다. 여러분은 가장 큰 관심사가 무엇인가요? 취미에서 전문가로 변신하는 방법. 이제부터 OBOM쌤의 책쓰기 스토리를 말씀드리겠습니다.

책 쓰기에서 중요한 건 역시 '주제 잡기'입니다. 그럼 어떤 주제를 잡는 게 가장 좋을까요? 바로 희소성 있는 주제, 사람들의 문제를 해결해 줄 수 있는 컨텐츠입니다. 문제 제기와 더불어 해결 방안을 알려주기, 가려운 곳을 긁어주기. 사람들이 궁금해 하는 것들, "왜 이런 책은 없는 거야?" "이런 책이 있으면 좋을 텐데." 이런 책을 찾는 것.

결국 '관찰'이 필요합니다. '관심'이 필요합니다. 내가 쓸 수 있는 것들과 사람들이 궁금해 하는 것들 가운데 교집합을 찾고 또 사람들의 공감을 받을 수 있는 내용들로 꽉꽉 채울 수 있는 내용이 어떻지 생각해봐야 합니다.

주제를 잡았다면 꼭 생각해 봐야 할 것은 무엇일까요? 과연 내 주제가 특별할까? 사람들의 니즈가 충분할까? 내 관심사와 사람들의 니즈의 교집합을 찾아야 합니다. 송곳처럼 날카롭게 파고들어 주제를 잡고 과연 이게 하나의 인쇄 상품으로 시장에 나왔을 때 사람들의 지갑을 열게 할 수 있을지까지 생각해 봐야 합니다. 바로 이게 글쓰기와 책쓰기의 차이점인 것입니다.

그렇게 첫 책 사람들의 니즈 속에 쓰게 된 '프랑스 학교에는 교무실이 없다'가 출간되었습니다. 당시 책을 쓰기 전 '해외파견교사'란 키워드를 검색해봤는데 단 한 권이 없다는 것을 알게 되었습니다. 선점하고 독점할 수 있는 우위를 점할 수 있다는 점. 어서 글을 써야겠다고 생각했고 결국 스터디카페에서 매일 아침 6시에서 저녁 8시까지 약 한 달간 시간을 투자한 결과 책이 나올 수 있었습니다. 시간으로 따져보니 약 200시간이었습니다. 200시간의 법칙.

어떤 일이든지 최소 200시간을 집중해보세요. 분명 삶의 변화가 있을 겁니다.

목표가 있다면 몰입해보세요. 삶의 밀도를 최대한 끌어올리고 집중해보세요. 과감히, 정말 중요한 게 아니라면 다른 일들은 버려두세요. 모든 걸 다 가질 수는 없는 법. 집중의 힘이었습니다. 조금씩 매일 꾸준히 몰입했기에 가능한 일이었고 그렇게 첫 책이 나올 수 있었습니다. 글쓰기와 책쓰기가 다르다는 점도 확실히 인식해야 합니다. 수많은 서점에서 온라인과 오프라인 그 안에 내 책이 나온다면 과연 상대방의 지갑을 열게 할 수 있는 설득력을 내 책이 가지고 있을까? 곰곰이 따져보고 경쟁 도서도 구체적으로 살펴보아야 합니다. 출판사를 잘 만나는것도 무엇보다 중요합니다.

첫 번째 책 프랑스 해외파견 교사 스토리에는 해외파견교사 면접 예상문제 184문제를 수록했고 프랑스 문화를 이해하고 인식하며 해외 파견 교사를 준비하는 분들에게 도움이 될 목적으로 썼습니다. 더불어 프랑스 교육의 오해와 진실 속에서 실제 프랑스 학교에 3년간 근무해본 경험을 바탕으로 솔직하게 프랑스 교육에 대해서 기록했습니다. 전국에 단 한 권도 없다는 점. 대체불가능한 컨텐츠라는 점. 바로 해당과목 전국 1명의 프랑스 해외파견교사의 주인공이 저였기에 이러한 책 출간이 가능했습니다.

첫 번째 책을 완성하고 바로 두 번째 책 쓰기 작업에 들어갔습니다. 역시 주제 잡기가 가장 중요했습니다. 대체 불가능한 나만의 컨텐츠가 뭘까? 사람들이 궁금해하고 찾아보는 컨텐츠가 뭘까? 그리고 내가 정말 쓰고 싶은 이야기가 뭘까? 바로 프랑스 해외파견에서 한국에 오자마자 제가 만든 아빠가 주도하는 마을교육 공동체 이야기였습니다.

프랑스에서 한국에 온 후 자녀들에게 프랑스 교육법을 적용해서 교육했고 아빠주도 마을 교육 공동체를 만들어 활동했습니다. 역시 전국에 아빠가 주도하는 마을 교육이야기는 단 한 권이 없었습니다. 희소성이 있었고 특별한 컨텐츠였습니다. 무엇보다도 제가 애정하는 삶의 중심인 모임에 대한 이야기였고 이미 타지역에서, 청주에서, 서울에서도 아빠 모임을 만들고 싶다고 어떻게 하면 만들 수 있냐고 문의가 들어오고 있는 상황이었습니다. 그런 니즈를 바탕으로 두 번째 개인저서 '나는 프랑스 교육으로 아이를 키우기로 결정했다.' '아빠와 마을이 함께 하는 육아법' 책을 출간했습니다.

역시 스터디카페에서 아침 6시에서 저녁 8시까지 약 한 달 간 몰입했고 그 결과 두 번째 책을 출간할 수 있었습니다. 200시간의 법칙. 내 아이의 경험을 무한대로 가져가는 방법이 무엇이 있을까 고민 속에 만들었던 아빠주도 모임은 지금도 잘 운영되고 있고, 그 모임 덕분에 세상을 아름답게 살아가는 정말 멋진 사람들을 만나게 되었습니다. 아빠들이 육아에 적극적으로, 따뜻하게 함께하기, 주도하기. 자기주도학습과 미래 글로벌 인재를 키우는 프랑스 자녀 교육법 이야기는 그렇게 책으로 출간되었습니다.

두 달 동안 스터디카페에서 몰입했더니 저에게도 쉼이 필요했습니다. 조용히 앉아서 글쓰기에 몰입하는 일은 하고 싶은 일이었지만 삶에서 중요한 건 적절한 휴식. 바로 휴식을 찾아 나섰습니다.

생산적인 휴식을 찾는 방법, 저는 이것을 제가 가장 좋아하는 일을 해보기로 했습니다. 이전에 스포츠 기자 생활을 하면서 저는 많은 것을 배울 수 있었습니다. 먼저 한 경기를 보면서 다양한 주제를 잡아 기사를 작성하는 일을 배웠습니다. 그런데 그것보다 더 큰 수확은 바로 제가 사람들의 이야기를 듣는 걸 좋아한단 사실이었습니다. 인터뷰를 하고 그것을 기사로 옮기는 일들이 행복이었습니다.

두 달 동안 책을 쓴 후 저는 바로 제가 좋아하는 생산적인 취미로 '휴식'＋'생산'의 시간을 갖기로 했습니다. 바로 '거인의 어깨에 올라타기'. 전국에서 유명한 분들, 제가 정말 만나보고 또 배우고 싶은 것들이 있는 분들에게 연락을 드려 인터뷰 약속을 잡았습니다. 꿈을 꾸는 사람들의 인터뷰, '꿈터뷰'라고 이름을 짓고 사람들을 인터뷰하기 시작했습니다. 다행히도 제가 운영하는 '조매꾸 지덕체로' 유튜브 채널에 흔쾌히 여러분들이 출연해주셨습니다.

유튜브를 촬영하는 시간은 그야말로 저에게 쉼이었고 또 영상 컨텐츠를 생산하는 시간이었고 배움의 시간이었습니다. 그런데 이분들을 인터뷰 하다보니 왜 이분들이 각 분야에서 최고의 자리에 오를 수 있었는지 느낄 수 있었습니다. 에듀테크, 책 쓰기 장인, 교육환경구성전문가, 진로진학, 유치원 남교사, 뤼튼과 챗GPT 전문가, 공무원 겸직과 N잡 장인, 공감소통전문가 등 다양한 분들과 인터뷰를 하면서 일반 연수에서는 들을 수 없는 생생한 이야기들을 들을 수 있었습니다.

유튜브 촬영을 준비하기 전부터 유튜브 내용 그리고 하고 난 뒤 피드백까지 '정말 이게 프로구나' 하는 모습을 보여주신 분들, 이분들의 내용을 그냥 두기에는 너무 아깝다는 생각을 했습니다. 한 번도 공저 기획을 해본 적이 없었지만 바로 진행했고 결국 원고를 모아서 〈교사N 잡백서〉라는 책을 출간하게 되었습니다.

어쩌다보니 한 달에 한 권 책을 출간하게 되었고 글쓰는 동안 저 자신과의 깊은 대화, 그리고 책이 출간된 후 많은 독자들에게 받는 피드백은 정말 상상 이상의 감동으로 다가왔습니다. 사실 책이 출간되면 발가벗겨진 아이마냥 부끄럽기도 합니다. 그럼에도 불구하고 원하는 일, 하고 싶은 일, 꿈꾸는 일이 머릿속에 있다가 하나 둘씩 실현될 때마 다 가슴이 벅차오릅니다. 설렘이 있는 하루를 사는 일. 원하는 게 있다 면 삶의 밀도를 높이는 일. 한정된 시간에 멀티플레이어가 되는 일. 어 떤 전략으로 가장 기분 좋은 성과를 만들어 낼 수 있을지 고민하는 일. 컨텐츠를 찾는 일은 언제나 흥미롭습니다.

꿈RUN쌤 - 꿈꾸고 달리고 배우고 글쓰고, 그렇게 오늘도 글을 씁 니다.

개인 저서를 쓰는 데는 200시간이 걸렸고 소요기간은 약 26일이 걸렸습니다. 공저 책인 교사 N잡백서를 쓰는 데는 인터뷰하는 데 소요 기간이 20일 걸렸고 인터뷰 한 분당 촬영 및 편집 4시간, 총 40시간이 걸렸으며 최종 소요기간은 30일, 소요시간은 54시간이 걸렸습니다.

그럼 원고가 완성되면 투고 및 계약은 어떻게 해야 할까요?

원고를 다 쓴 다음에는 공격적으로 내 매력을 어필해야 합니다. 한 글파일은 기본이고 PPT와 QR코드 또는 자신을 잘 소개하는 기사나 멀티 프로필을 활용해도 좋습니다. 저는 조매꾸 지덕체로 유튜브 채널에 3만 명 이상의 구독자가 있고 SNS 통합 팔로워 4만명 남짓 그리고 제가 운영하고 있는 조매꾸 커뮤니티 8군데 및 각종 커뮤니티를 통해 홍보 및 판매를 할 수 있음을 어필했습니다.

결국 중요한 건 독자를 만나기 전 출판사를 설득하는 일. 왜 이 책이 경쟁력이 있는지, 그에 대한 이유와 어떻게 홍보 및 판매에 도움을 줄 건지. 유사 도서와의 차별성은 무엇인지까지 회사에서 상품 발표한다는 생각으로 분석적으로 그리고 매력적으로 기획안을 작성해야 합니다.

여기서 출판사에 대한 공부 및 출판사에서 이전에 출간했던 저서 및 출판사 관련 기사도 꼭 찾아보는 게 좋습니다. 대표님의 마인드 및 인터뷰 기사 등을 다 읽은 후 원고 계약 미팅을 진행하는 것이 좋습니다. 그리고 이 출판사에서 현재까지 낸 책 중 가장 판매량이 좋은 작품들, 그 성격도 파악해봐야 합니다.

계약의 줄다리기에서 승리하고 정말 내 원고와 한 뜻이 되어 동행하며 성장할 수 있는 출판사를 선택하는 것이 가장 좋습니다. 제가 좋아하는 말 중에 '평범한 노력은 노력이 아니다'라는 말이 있습니다. 그리고 이와 더불어 '버려지는 노력은 없다', '열정이 재능이다'라는 말이 있습니다.

어제와 다른 오늘을 살고 내일을 기대하는 방법은 간단합니다. 그 무언가에 200시간을 밀도 있게 투자하고 집중하는 것입니다.

출판사와 계약을 한 후 새벽 5시에 출판사를 찾아간 일이 있습니다. 아무도 없는 걸 알지만 제가 쓴 책을 선택해주고 좋은 조건으로 계약해준 출판사를 잠시나마 품고 싶었기 때문입니다.

낭만이 있는 하루를 나에게 선물하기. 저는 낭만과 설렘을 찾아 떠나며 좋아하는 것의 꼬리를 물고 살고 있습니다. 설렘 가득한 일들에 삶의 밀도를 높였던 지난 시절들.

라틴 살사댄서 - 프로축구 명예기자 - 축구 도대회 우승 지도감독 - 시인 등단 - 다문화센터 한국어교사 - 필리핀, 프랑스 해외파견교사 - SNS 유튜브 조매꾼 지덕체로 - 아빠주도 마을 교육 공동체 설립 - 진로 모임 설립 - 전국 온라인 꿈RUN스쿨 설립 - 작가 - 국경없는 교육 실천

좋아하는 것의 꼬리를 물고 살아가는 하루 하루에는 일정한 삶의 루틴과 조매꾸 정신이 함께합니다.

책을 쓰고 어떤 일들이 삶에서 일어났을까요? 단순히 책을 발간하고 책이 많이 팔리고 안 팔리고를 떠나서 책쓰기는 분명 자기 자신을 성찰하고 더 나아가 성장하는 밑거름이 되는 것은 당연합니다. 하지만 그 외에도 상상하지 못할 일들이 찾아왔습니다.

교육부 장관님과의 만남
중앙 언론지에 인터뷰 기사
타 유튜브 채널에 초대 인터뷰
JTBC, KBS, KBS WORLD, SBS에서 연락
타 출판사 대표님의 협업 제의
마을 교육 공동체의 확대
전국 조매꾸 꿈RUN스쿨 개교
프랑스 한글학교 협회장님과 글로벌 프로젝트 추진
다수 강의 요청 및 다수 지원단 합격
학생들, 학부모 등의 책 구입 및 학생들의 사인 요청
학생 작가 만들기 프로젝트 시작
경기도 교육청 크리에이터 '딩고' 최종 선발

위와 같은 크고 작은 일들이 저에게 벌어졌습니다. 책쓰기는 전문성을 기르는 시간이었고 자존감을 상승시켜주는 원동력이 되었습니다. 현재는 학생 작가 성장 프로젝트를 진행중이며 각 학급마다 독후시 만들기도 진행중입니다. 무엇보다도 책쓰기는 정신적으로 성장하는 시간이었으며 그 누구보다도 '나'를 또 다른 저의 자아를 만나는 시간들이었습니다. 가장 많은 약속의 주인공은 바로 저였습니다. 그리고 주변에 작가 지인들이 자연스럽게 많이 생기더군요.

200시간의 법칙으로 이 모든 것들이 이루어졌습니다. 조매꾸 마법의 복리효과

이것은 조매꾸 200시간 마법의 복리효과였습니다. 지금 당장 무언가를 망설이고 있는 분이 있다면 말씀드리고 싶습니다. 일단 시작하세요. 200시간까지 해보는 겁니다. 밀도 있게 집중해서 말입니다.

'꿈이 그대를 춤추게 하라'

함께의 힘, 조매꾸 크루

왜 혼자가 아닌 함께 해야 할까요? 연대의 힘, 함께 성장할 때 더 크게 더 깊고 넓게 날아갈 수 있다는 것을 조매꾸 모임을 운영하면서 깨닫게 되었습니다. 조금씩 매일 꾸준히, 조매꾸 회원들은 전국 각지에 흩어져 계십니다. 일단 현재 제가 하고 운영하고 있는 조매꾸 팀들은 다음과 같습니다.

조매꾸 러닝팀

조매꾸 등산팀

조매꾸 운동인증팀

조매꾸 미라클모닝팀

조매꾸 생산자프로젝트팀

조매꾸 꿈터뷰팀

조매꾸 꿈런스쿨팀

그리고 이외에도 제가 활동하고 있는 동탄 아빠 모임, 교사크리에이터 협회, 자기경영노트가 있습니다.

일단 매일 아침 일어나면 조매꾸 미라클 모닝방 회원분들과 함께합니다. 몇 년간 지속되어온 미라클 모닝을 전에는 혼자했지만 올해부터는 함께하고 있습니다. 각자의 미션을 사전에 말하고 기상 시간을 정한 후 매일 아침 미션을 수행합니다. 그리고 이것을 구글 시트에 표시해서 월말 개근한 분들에게는 조매꾸 미라클 모닝 우수 MVP시상도 합니다. 조매꾸를 넘어서 조매꾼이 된 정말 멋진 분들입니다

고요한 아침을 함께 여는 사람이 있다는 것, 그리고 아침에 함께하는 분들은 모두 프로 자기계발러이십니다. 자기 관리가 확실하며 긍정의 기운을 지니고 있습니다. 이런분들과 함께 아침을 열기 때문에 언제나 지칠 수가 없습니다. 일상의 슬럼프가 찾아오거나 한쪽으로 기울 때 중심을 잡아주는 분들, 연대가 가지는 지탱의 힘과 성장의 힘을 매일매일 느낍니다.

오늘의 인문학, 명화 감상, 독서와 글쓰기, 필사, 영어 공부, 아침밥상 등 본인이 정한 아침을 여는 미션으로 화창하게 아침이 시작됩니다.

세상을 여는 아침, 계속할 수 있는 용기 장착하고 힘차게 출발하세요.

행복한 월요일입니다.

꽃별천자님, 지구별모닝, 오늘도 감사합니다. 행복할 하루가 시작되었어요.

감자샘, 빛나는 하루되세요.

늘품샘, 세상을 여는 화요일 아침, 존재하는 기쁨을 헤아려보세요.

북모닝, 오늘은 특별한 책으로 아침을 시작합니다.

프로나님, 희망찬 하루의 시작입니다.

소망모닝, 오늘도 행복한 하루 만드세요.

꿈모닝! 오늘도 꿈빛 하루 만드셔요.

굿모닝, 오늘 하루 최선을 다해 행복해야 한다.

래빗샘, 오늘도 밥심. 늦게 배송 온 홍게 덕분에 신김치랑 부추 넣고 홍게 게살볶음밥

꿈긍정모닝, 일상을 사랑합니다.

이렇게 긍정의 기운으로 환경을 구성하는 일, 비록 온라인이고 전국에 흩어져 있지만 마음만은 통하고 있습니다. 따뜻함을 느끼며 하루를 상쾌하게 시작합니다.

미라클 모닝과 마찬가지로 매일 운동 인증 등 다른 모임도 마찬가지입니다. 조금씩 매일 꾸준히라는 목표를 가지고 꾸준하게 활동을 함께 하고 있으며 한 달, 한 달이 지날수록 서로의 성장을 함께 격려하고 칭찬해줍니다.

현재까지 미라클 모닝과 운동인증을 모두 개근하고 있는 저의 원동력은 바로 함께 해주고 있는 조매꾸 회원덕분입니다. 함께의 가치, 함께의 힘에 대해서 정말 강력함을 느낍니다.

혹시 무언가를 할 수 없다면 자신의 의지가 약하다고 느낀다면 꼭 크루에 들어가세요. 긍정의 기운과 열정의 에너지가 모인, 따뜻함으로 빛나는 모임을 찾아보세요.

여러분의 주변에는 어떤 분들이 자리하고 계신가요? 주변에 있는 3명이 여러분의 미래를 결정한다는 말처럼, 여러분의 주변을 아름다운 화단으로 가꾸어보시길 추천드립니다. 긍정과 희망이 자리한 모임에 함께한다면 하루하루 더욱더 찬란하고 또 은은하게 빛날 것입니다. 이런 조매꾸 회원들덕에 함께 성장하고 함께 기록하고 함께 프로젝트를 진행하며 설레는 하루하루를 쌓아나가고 있습니다. 이 글을 읽고 계시는 독자분들 중에서 조매꾸 정신으로 꾸준함을 함께하고 싶은 분이 있다면 언제든 환영이니 연락주세요.

03

조매꾸가 답이다

삶을 살아가는 데 가장 중요한 건 '철학'이라는 것을 프랑스 해외 파견에서 느꼈던 사실입니다.

철학으로 하루 걷기

어떻게 하루를 보내고 내일을 꿈꾸어야 할까, 고민과 고민속에서 먼저 삶의 철학을 세워뒀습니다. 저의 유튜브 채널명이 바로 그것인데요. '조매꾸 지덕체로' 조금씩 매일 꾸준히, 건강한 신체, 건강한 마음의 조화입니다. 삶에서 가장 중요한건 건강이라 생각하고 아침에 가장 먼저 하는 건 운동입니다. '운동=밥이다'라고 생각하고 운동을 삶의 가장 우선순위로 두었습니다.

상체는 푸쉬업 100개, 하체는 스쿼트 100개 그리고 유산소는 러닝으로 하루를 시작합니다. 건강을 위해 시작했던 러닝은 어느 순간 제 삶에서 빠져서는 안 될 삶의 힐링 포인트가 되었습니다. 직장에는 출근 시간보다 한 시간 먼저 가서 운동을 시작합니다. 매일 빠지지 않고 꾸준히, 조매꾸의 핵심인, 정말 조금씩 매일 꾸준히 합니다. 올해 목표였던 하프 마라톤을 완주할 수 있었던 건 바로 조매꾸, 꾸준함 때문입니다. 건강을 위해서 제가 선택한건 바로 러닝이었습니다.

러닝이 매력적인 이유는 뭘까요? 러닝을 할 때 저는 살아있음을 느낍니다. 그리고 빌로저스가 '마라톤맨'이라는 책에서 말한 것처럼 마라톤은 정직합니다. 마라톤은 우리를 겸손하게 만들어줍니다. 그리고 마라톤은 모두가 승자가 될 수 있는 스포츠입니다. 모두의 뜨거운 함성과 응원, 결승점에 도착하는 순간, 모두가 승자가 됩니다. 그리고 나 자신의 한계에 순수하게 부딪힐 수 있는 아름다운 순간입니다.

저는 마라톤을 할 때 '자유'를 느낍니다. 가장 좋아하는 음악을 듣고 또는 자연의 소리를 들으며 온 몸에 집중하여 달리는 그 시간은 가장 자유로운 시간이며 아름다운 순간입니다.

좋아하는 것의 꼬리를 물다 보니 어느덧 지역에서는 조매꾸 러닝 크루를 운영하게 되었고 직장에서는 동료와 그리고 학생들과 함께 마라톤을 합니다. 터널 안에서 서로에서 외치는 파이팅 소리, 모두가 서로를 정말 있는 힘껏 응원하는 그 아름다운 목소리를 우리는 들을 수 있습니다.

체력이 떨어지는 소리가 들리시지 않나요? 제가 그렇습니다. 매일 부단히 꾸준히 하지 않으면 근력도 떨어지고 유산소 능력도 떨어짐을 느낍니다. 운동을 하는 이유는 다르겠지만 운동은 체력적인 부분보다도 정신적인 부분을 강력하게 무장하게 해줍니다. 조매꾸 운동인증방이 있기에 다른 분들의 선한 동기부여는 게으름을 잠재워줍니다.

그 무엇보다 중요한 체력을 유지하기, 하루의 일정 중 운동을 먼저 하고 제가 하고 싶은 일들을 하나하나 해나가고 있습니다. 직장까지 가는 차안에서는 언어 교환을 하고, 오늘 하루 어떻게 설렘으로 가득찬 시간들을 보낼지 계획해봅니다. 현재 제가 가장 설레는 일은 바로 국경 없는 교육의 시작입니다. 교육을 세계와 연결시키기, 학교에서 교육을 하고 마을 교육공동체로 확대시키고 글로벌 인재 육성 프로젝트, 바로 지덕체, 건강한 신체와 건강한 마음을 가진 전국의 학생들을 키우는 학교인 꿈RUN스쿨을 만들었습니다. 여기에 더 나아가서 프랑스, 아르헨티나 등과 연결해서 국경 없는 교육을 해나가고 있습니다.

우연한 행운의 끝은 어디일까요? 최근에는 프랑스에 초청되어서 조매꾸 팀과 함께 가서 교육 교류도 하고 해외에서 마라톤을 할 기회를 얻게 되었습니다.

이 모든 행운의 시작은 바로 조매꾸입니다.

조금씩 매일 꾸준히, 남들의 기준과 잣대에 의식하지 않고 자기 자신의 길을 묵묵히 나아가는 일, 설렘이 있는 하루, 좋아하고 원하는 일을 하면서 하루를 보내기, 소비자가 아닌 생산자로 오늘 하루를 살기.

나의 희망찬 하루가 시작되었다. 나의 찬란한 하루가 시작되었다.

조매꾸 – 조금씩 매일 꾸준히, 꿈RUN쌤 – 꿈꾸고 달리고 배우고 글쓰고. 지덕체로 – 건강한 신체, 건강한 마음의 조화

조매꾸가 답입니다.

에필로그 EPILOGUE

흔하디 흔한 잔디였습니다.
관심 없는 풀잎이었습니다.
이름 모를 들꽃이었습니다.

조금씩 스스로 맑은 공기 마셨습니다.
매일 스스로 깨끗한 물 흡수했습니다.
꾸준히 스스로 밝은 햇빛 받았습니다.

봄을 알리는 벚꽃이 되었습니다.
여름을 빛내는 장미가 되었습니다.
가을을 대표하는 국화가 되었습니다.
겨울에도 돋보이는 동백꽃이 되었습니다.

잔디, 풀잎, 들꽃이었다가 계절을 대표하는 꽃이 된 8명의 조매꾼이 여기 모였습니다. 이들은 평범했습니다. 그러나 꿈과 목표가 있었습니다.

스스로 맑은 공기 마셨습니다. 스스로 깨끗한 물 흡수했습니다. 스스로 밝은 햇빛 받았습니다. 조금씩 매일 꾸준히 반복했습니다. 이들이 마신 공기는 '기록'이었습니다. 이들이 흡수한 물은 '도전'이었습니다. 이들이 받은 햇빛은 '끈기'였습니다.

이들은 스스로 양분을 만들었습니다. '성장'이라는 양분을 만들었습니다. 8명의 조매꾼은 끝내 봄의 꽃 벚꽃, 여름의 꽃 장미가 되었습니다. 가을의 꽃 국화, 겨울의 꽃 동백이 되었습니다. 각자의 분야에서 열심히 활동하며 빛나는 꽃이 되었습니다. 이들의 변신은 '조매꾼의 기적'이었습니다.

조매꾼들의 도전과 성장은 여기서 끝이 아닙니다. 한 송이 한 송이 꽃을 모아 꽃밭을 만들 것입니다. 꽃밭에서 향기를 내뿜을 것입니다. 긍정의 향기, 응원의 향기, 칭찬의 향기, 성실의 향기, 봉사의 향기. 그 향기 널리 퍼트려 누군가에게 희망, 누군가에게 용기, 누군가에게 도움을 주고 싶습니다. 이것이 '조매꾼의 정신'입니다.

조매꾼들의 꿈과 목표는 아직 달성되지 않았습니다. 이들은 지금 꿈과 목표를 이루고 있는 중입니다. 올해 핀 꽃은 과정입니다. 내년 봄에도 벚꽃으로 피어날 것입니다. 내후년 여름에도 장미로 빛날 것입니다. 그다음 가을에도 또 그다음 겨울에도 국화와 동백으로 탄생할 것입니다. 점점 더 아름다운 꽃으로 피어날 것입니다. 점점 더 좋은 향기 풍기는 꽃밭이 될 것입니다. 끝내 꿈과 목표를 이루는 '조매꿈'을 실현할 것입니다.

8인 조매꾼들은 서로 전혀 모르는 사이입니다. 사는 곳도 다르고, 하는 일도 다릅니다. 한 번도 얼굴을 본 적이 없습니다. 공통점은 단 한 가지, 조매꾸를 실천한다는 것입니다. 그리고 그 중심에 조매꾸 창시자 꿈런쌤 김병수 선생님이 계십니다. 김병수 선생님의 긍정 에너지 받고 실행력을 닮아가며 조매꾸 활동을 합니다.

조매꾸 미라클 모닝 인증방, 조매꾸 운동 인증방 등 온라인 인증 창구에 각자의 실천 내용을 인증합니다. 한 번도 본 적 없는 모르는 사이지만, 조매꾼들은 응원하고 칭찬하며 서로에게 힘이 됩니다. 조매꾸 환경 설정이 완성되었습니다.

김병수 선생님의 일상은 동화 같고 드라마 같습니다. 매일 믿을 수 없는 깜짝 놀랄 일들이 펼쳐집니다. '열심히 사는 사람에게는 좋은 일만 일어나는구나. 좋은 사람 옆에는 좋은 사람들이 있구나.' 매번 느낍니다. 축하하는 사람들에게 선생님은 늘 겸손하게 말씀하십니다.

"조매꾸 하다 보니 이런 일도 생기네요."

김병수 선생님 덕분에 조매꾸를 포기하지 않고 실천할 수 있었습니다. 조매꾸의 힘을 느낄 수 있었습니다. 조매꾸의 기적을 경험하게 되었습니다. 조매꾸 공저 책 프로젝트 안내를 받고 망설였습니다. '나의 소소한 일상이 이야기가 될까? 나의 소박한 루틴이 책이 될 수 있을까?' 조매꾸 정신에 따라 도전해 보았습니다. 그리고 성장 스토리도 조매꾸 썼습니다. 이제 이렇게 말하고 싶어집니다.

"조매꾸 하다 보니 책 출간하는 일도 생기네요."

김병수 선생님께서 하시던 말씀의 의미를 이제 알겠습니다. 조매꾸는 목적이 아닌 과정이었습니다. 그 과정에서 성장과 발전과 행운은 자연스럽게 생기는 것이었습니다. 선물같이 따라오는 것이었습니다.

조금씩 하다 보니 작은 실천이 큰 것이 되었습니다.
매일매일 하다 보니 습관이 되었습니다.
꾸준히 하다 보니 성장하고 있었습니다.

갓생을 살고 있는 주변 사람들과 자신이 자꾸 비교되시나요?
피곤하게 살고 있긴 한데, 공허함이 느껴지시나요?
나만의 루틴을 만들고 싶은데, 무엇부터 해야 할지 막막하신가요?

좋아하는 것부터 시작하세요.
작은 것에서 출발하세요.
조금씩 하셔도 됩니다.
매일 응원하겠습니다.
꾸준히 작심일일 365번만 하세요.

조금씩 매일 꾸준히 조매꾸가 답입니다.
'조매꾸의 기적' 9번째 주인공은 지금 바로 시작하는 당신입니다.

여러분의 조매꾸는 어떤 꽃인가요?
여러분의 조매꾸는 어떤 향기 나는 꽃밭인가요?

8인 조매꾼들의 성장 스토리가 당신에게 희망의 꽃이 되기를 바랍니다.

조매꾸 공저 책 출간 프로젝트를 기획해 주시고, 평범한 초보자에게도 기회 주신 꿈런쌤 김병수 선생님 감사합니다. 조매꾸에 지대한 관심 보여주시고, 첫 책 출간의 설렘과 행복 맛보게 해주신 출판사 박영스토리 관계자분들 감사합니다.

교육부 청년 리더 교사 최다 상장 보유자 장덕진 선생님, 독서 모임의 달인 자녀 교육 일인자 어성진 선생님, 교사 크리에이터 프로 조매꾼 서보금 선생님, 미래 교육 트랜드 교사 크리에이터 신혜영 선생님, 어린이 문학 세계의 등불 동화 작가 황혜진 선생님, 에듀테크 교사 연구회 대표 김동은 선생님.

조매꾸 실천으로 얻어낸 엄청난 성과에 존경을 표합니다. 함께 하는 영광 주셔서 감사합니다.

반복해서 할 때 그것은 우리 것이 된다.
우수함은 행위가 아니라 습관이다.
─윌 듀란트─

오늘도 조매꾸 미라클 모닝을 실천하며
당신에게 응원의 꽃밭 향기 나누고픈
김희영 드림

저자소개

김희영

어릴 적부터 간직했던 초등교사의 꿈을 이룬 20년 차 교사이다. 높임말로 대화하고 칭찬을 생활화하는 따뜻한 학급을 운영한다. 일관되고 지속적인 '조매꾸 학급 경영'으로 학생들은 매일 기록을 통해 자기 관리 능력을 기른다. 아이들은 '성장 발전소'라는 강한 믿음을 가지고 있다. 스스로 발전하는 학생들과 함께하는 시간이 보람 있고 행복하다. 초등교사를 천직으로 여기며 다시 태어나도 교사이고 싶다.

교사와 엄마 역할에 몰두하느라 소홀했던 자기 마을을 채우기 시작했다. 새로운 자아를 발견하고, 교사 작가의 꿈을 꾸는 중이다. '습관은 평범한 사람이 성공할 수 있는 유일한 방법'을 인생 지침으로 여긴다. 미라클 모닝 필사, 요가 및 홈트, 독서, 블로그 글 쓰기, 칭찬 편지 쓰기 등 매일 작은 실천을 누적한다. '조매꾸+~ing=조매뀡'이라는 자신만의 공식을 만들고, 성장과 성공을 향해 조매뀡중이다.

교사 성장 모임 <자기경영노트> 4기 멤버로 활동 중이며, <꿈런쌤 조매꾸 운동 인증방>, <조매꾸 미라클 모닝 자기계발 지덕체로> 개근 MVP 조매꾼이다.

장덕진

교육부 학부모정책과 함께학교팀에서 근무하고 있는 초등교사로 대학원에서 컴퓨터교육과 소방안전공학을 공부했다. 대한민국 정보교육상, 대한민국 인재상, 대한민국 안전대상 등 전국 단위 수상을 비롯, 만 30살에 100여 건의 위촉/표창/수상을 했다.

학생의 고등탐구를 지원하는 역할로 지난 5년간 전국대회를 30여 회(장관상 8회 포함) 수상 지도한 탐구대회 전문가로 논문 12편, 공저 4권 등을 저술했다.

어성진

인생책을 만나 독서 모임으로 책과 함께 살아가는 교사. 교사 독서 모임과 학부모 독서 모임, 학급 독서 모임, 자녀 독서 모임, 교회 독서모임 등을 참여 및 운영하고, 책을 매개로 삶을 나누며 이웃과 더 사랑하며 살아가기 위해 노력중이다. 학급에서는 감사일기, 아침시간을 활용한 뇌과학 운동, 여름/겨울 방학 때 집 초대하기, 플로깅, 봉사 활동을 통해 아이들과 작은 추억을 만들어 가고 있다.

행복한 가정을 만들고자 매일 할 수 있는 작은 습관들을 가족과 함께 하는 아빠. 자녀와 아내에게 써 주는 칭찬일기, 감사한 일을 적는 감사일기, 성경을 묵상하는 큐티, 헤브루타 그림성경, 주제 일기 쓰기, 15분 책 읽고 본깨적(본 것, 깨달은 것, 적용할 점) 나누기를 매일 실천하여 행복을 쌓아가는 중이다.

10여 년간 장애인부서인 사랑부에서 예배를 인도하는 전도사. 장애인 성도를 만나며 사랑을 전해주기보다 사랑을 더 받고 있다는 것을 깨닫고, 이 사랑을 다른 이들에게도 전하려고 한다.

저서인 『자녀를 사랑한다는 아빠의 착각』은 어떻게 하면 진짜 사랑을 할 수 있을지 고민하며 성찰했던 시간들을 녹여낸 책이다.

신혜영

교사로서 학교에 머무른 지 14년.

아이들과 더불어 선생님도 성장하기 위해, 오랜 시간 애타게 꿈을 찾아 헤맸다. 어느 길로 가야할 지 몰라 막막하고 답답할 때에도 조금씩, 매일, 꾸준히 한걸음 내딛기를 멈추지 않던 어느 날, 마침내 꿈에 그리던 '나'를 향한 이정표를 발견했다. 내가 꿈꾸는 나를 만나기 위한 끝없는 여정에 언제나 진심인 편. 'viva la vida. 인생이여 만세!' 인생이 준비한 무수한 시련과 실패, 좌절 앞에서도 살아가는 모든 순간을 존중하고 사랑하고 싶다. 또, 이러한 마음가짐을 아이들에게 삶을 통해 가르치고 있다.

현재 교사크리에이터협회, 교원단체총연합회에서 활발히 활동중이며, 교육연수원에서 선생님을 대상으로 강의를 하거나, 관련 칼럼을 쓴다. 학생들이 주체적으로 참여하고 이끌어 나가는 학교문화 조성에도 이바지하여 교육부장관상을 수상한 바 있으며, 저서로는 『대한민국 미래교육 트렌드』가 있다.

서보금

일도 잘 하고 싶고 노는 것도 잘 하고 싶은 요즘 MZ세대 공립 유치원선생님(공유선)이다. 유아임용을 시작으로 수업고민, 교실운영팁을 SNS로 전하며 일과 취미 두 마리의 토끼를 잡은 교사이다. 에듀테크 강의 출강 및 디지털교육을 연계하여 약 3년 차 경력으로 첫 출전한 수업연구대회에서 2등급을 수상했다. 선생님과는 어울릴 것 같지 않은 의지박약과 작심삼일을 넘어, 초지일관으로 매일 조금씩 꾸준히 수업연구를 실천하며 프로조매꾼으로 성장해온 과정을 솔직하고 담백하게 전하고자 한다.

김동은

에듀테크를 활용해 학생들이 생생한 역사의 현장을 각자의 방식으로 경험하고 역사가 학생의 삶과 현장으로 이어져야 한다고 믿으며, 에듀테크를 통해 아이들이 더 나은 교육적 성장을 이뤄나갈 수 있도록 치열하게 고민하는 교사다.
경계 없는 에듀테크 교육을 실천하기 위해 교직경력 만 2년차에 전국 초·중등 에듀테크 교사 연구 모임인 '에듀테크 교사 연구회'를 창립하고 다양한 교육 기업 및 고등 교육 기관과의 협업을 통해 현직 및 예비 선생님들의 에듀테크 수업 전문성 함양과 에듀테크 수업 자료, 모델의 개발과 확산을 추구하고 있다.

황혜진

책과 어린이를 사랑하는 23년차 초등교사이다. "책이 있는데 뭐가 걱정이야."라는 문장을 마음에 품고 산다. 도서관 서가 사이에서 책등을 살피며 지금 여기에서 가장 먼 곳까지 단숨에 떠나는 여행자이며, 그곳에서 얻은 에너지로 현실에 두 발 딛고 단단히 살아간다. 좋아하는 것은 자꾸 나누고 싶어 교실에 책을 들여, 다정하고 따뜻한 그림책으로 어린이들과 마음을 나눈다. 온 작품을 읽고 함께 연극을 꾸려 무대에 올리고, 어린이 작가 되기 프로젝트로 어린이의 창작 수업을 운영해 어린이와 세계를 연결하고자 노력하고 있다. 동화 쓰는 법을 배운 후, 퇴근 후에는 작가 지망생으로 '조금씩 매일 꾸준히' 글쓰기를 실천하며 어린이 문학 세계에 한 걸음씩 다가서고 있다. 출간 예정 저서로 『교사 교육과정』, 『그림책 나는 찐빵』, 『그림책 나는 학교입니다』, 『퓨처티처』가 있다.

김병수

꿈꾸고 달리고 배우며 글 쓰는 꿈런쌤. 글로벌 인재양성 프로젝트 꿈런스쿨 교장. 마을과 전 세계를 잇는 국경 없는 교사, 국경 없는 교육을 꿈꾼다.

브런치스토리 작가. '조금씩 매일 꾸준히'. 조매꾸 미라클 모닝 등 조매꾸를 생활 속에 실천하는 조매꾸 장인이다. 건강한 신체, 건강한 마음의 조화를 추구하는 '조매꾸 지덕체로' 유튜브를 운영하고 있으며, 필리핀, 프랑스 해외 파견을 두 번 다녀왔다. 라틴 살사댄스 강사, 시인, 한국어 교사, 축구 명예 기자 활동 등 좋아하는 것들이 꼬리를 물고 이어지는 중이다.

프랑스에서 한국 복귀 후, 자녀를 사랑하는 마음으로 마을 교육 공동체 동탄 아빠 모임을 만들었다. 교사 크리에이터 협회 소속으로 활동하며, 교사와 기업가가 협업하는 진로 모임과 조매꾸 미라클 모닝, 조매꾸 운동 인증방 및 조매꾸 러닝 크루를 활발하게 운영 중이다.

조금씩 매일 꾸준히, 조매꾸 회원이 되고 싶은 분은 언제든 저자에게 연락 바란다.

저서로는 『프랑스 학교에는 교무실이 없다』, 『나는 프랑스 교육으로 아이를 키우기로 결정했다』, 『교사N잡백서』가 있다.

조금씩 매일 꾸준히 하루 1% 기적

초판발행	2024년 9월 15일
지은이	김희영·장덕진·어성진·신혜영 서보금·김동은·황혜진·김병수
펴낸이	노 현
편 집	전채린
기획/마케팅	이선경
표지디자인	이수빈
제 작	고철민·조영환
펴낸곳	㈜ 피와이메이트 서울특별시 금천구 가산디지털2로 53 한라시그마밸리 210호(가산동) 등록 2014. 2. 12. 제2018-000080호
전 화	02)733-6771
f a x	02)736-4818
e-mail	pys@pybook.co.kr
homepage	www.pybook.co.kr
ISBN	979-11-7279-001-1 93370

정 가   16,000원

박영스토리는 박영사와 함께하는 브랜드입니다.